目元のクマ・たるみ解消法

国際医療福祉大学
三田病院 准教授
奥田逸子

内外出版社

目元のお悩み
諦めていませんか?

１つでも思い当たる方に言いたいのは、
「諦める必要はありません！」ということ。
本書では、加齢とともに気になり始める
目元のクマ・たるみのお悩みを解消、予防するために
できることをご紹介します。
表情筋エクササイズや簡単ケア方法、
日常生活で気を付けたい習慣など様々掲載していますが、
まずは１つ取り入れてみることから始めましょう！
完璧を目指す必要は一切ありません。

顔を見せるのが
恥ずかしくて
マスクを手放せない

クマ・たるみを
化粧で
隠せなく
なってきた

同世代の人たちが
若々しく見える

いくら寝ても
クマが
とれない…

老いには
抗えない…

コロナ禍で
老けた!?

はじめに

「ここ数年で目元がたるんで、顔が一気に老けこんだ」
「このクマさえなかったら、もっと自信が持てるのに」

メイクで隠しきれない目元のクマやたるみ。こうしたお悩みをどうにかしたくて、この本を手にとってくださったのだと思います。そうした方々にまずお伝えしたいのは、手術に頼らず、医学的に正しい方法で、根本から解消できる可能性がある、ということです。

それが、本書で紹介する「表情筋エクササイズ」です。

はじめまして。私は医師の奥田逸子と申します。

普段は国際医療福祉大学三田病院でＣＴ（コンピューター断層撮影装置）や

MRI（磁気共鳴画像診断装置）を使った「画像診断」を専門に、患者さんの体内の画像から不調の原因や病気の兆候を見つけ出す仕事をしています。

この分野で30年以上の経験を積んでまいりました。しかし、私には他の医師たちとは決定的に異なる点が1つあります。

それは、顔の筋肉と骨格に深い知見を持つ画像診断専門の医師である、という点です。

「人の顔の若々しさ」を形作っているものが一体何なのか。そう疑問に思った私は、15年以上にわたって2万人の顔の筋肉データを分析し、その秘訣を探り続けました。

そうしてわかったことが「老けて見える人は表情筋が衰えている」という事実です。同い年でも老けこんで見える方がいる一方、20代のようなハリ感のある肌を保っている方もいます。この違いを生み出しているのが、表情筋の厚みの差だったのです。

普段意識することはないですが、私たちが笑ったり、食べ物を噛んだりできるのは、顔に張り巡らされた30種類以上の表情筋が動いてくれているおかげです。そして見逃せないのが、表情筋とたるみの関係。顔に現れるたるみやシワといったエイジングサインは、表情筋が衰えて支えきれなくなった顔の皮膚や脂肪が重力に負けて、たるんでいくことで生じていたのです。

表情筋が衰える理由は明確で、「加齢」と「動かさないこと」が二大原因。加齢による体の変化は完全に止めることができません。表情筋は筋肉であり意識的に動かしていくことできちんと鍛え直すことができます。つまり、若々しさを取り戻すことができるのです。

私が人の顔の若々しさに興味を持ったのは、「実年齢よりも10歳は若く見える」と言われたことがきっかけでした。画像診断の知識を使い、その理由が表情筋にあると医学的根拠をもって明らかにしたのが10年以上前のこと。以来、

はじめに

私自身もこの研究を通じて生み出した表情筋エクササイズに取り組み続けています。この成果をご評価いただいたからか、近年ではテレビや雑誌などに呼んでいただく機会も増えてきました。

本書で紹介するのは、忙しい日常の中でも目元のクマ・たるみのお悩みを解消することができる、シンプルで効果的なエクササイズやケア方法です。目元の若々しさを保つためには、表情筋を鍛えることと同じくらい、目元の正しい取り扱い方法を知っておくことが重要です。表情筋は問題ないのに、間違ったケアによってクマやたるみを悪化させてしまっている方を、これまで数多く見てきました。

医学的に正しさを実証された知識があれば、必ず改善への道は開けます。「もうこんな年だから何しても無駄」という考えは一切必要ありません。

この本が、皆さまの目元の悩みを解消する一助となりますように。

奥田逸子

目次

【3章】 1日1分！ 目元のクマ・たるみ解消法

目次

【1章】

老け顔脱却のカギは「表情筋」にあった!

表情筋なくして若々しさはありえない

私たちは、人の顔を見たときにその人の年齢や印象を無意識のうちに判断しています。同じ年齢なのに若く見える人もいれば、老けて見える人もいる……。この違いを不思議に感じたことはありませんか？

実は、この違いには明確な理由が存在します。若々しい印象を与えるか、老けた印象を与えるか。そのカギは、私たちの顔の奥深くに隠されているのです。

一般的に、老け顔の原因としてシワやたるみ、シミといった、肌の状態が注目されてきました。しかし、最新の研究により、表面からは目で見ることのできない**「表情筋」が見た目年齢に関係している**ことが明らかになっています。

表情筋とは、顔の皮膚の下に張り巡らされた30種類以上の筋肉の総称です。表情筋が喜怒哀楽さまざまに表情を変えてくれているおかげで、日々のコミュニケーションが円滑に進みます。

更に、表情筋は顔全体のリフトアップやたるみ予防にも大きく関わります。人は年齢を重ねるにつれて、顔も体も自然と老いていくもの。表情筋も例外ではありません。

加齢とともに表情筋が衰えると、何が起こるでしょうか？

表情筋の上に乗っている皮膚を持ち上げることができなくなります。そして、土台を失った皮膚は、重力に抗うことができず垂れ下がります。この状態をたるみと呼びます。そして、たるんで折り重なった皮膚の折り目がシワとなります。たるみやシワはこのようにセットで生まれるのです。

20〜30代の頃の自分の顔を覚えているでしょうか。表情筋が厚みを保っていたおかげで、目やほおが引き上がっており、シャープな印象だったはず。

特に目元の若々しさと関係するのが、眼球をぐるっと囲んでいる眼輪筋《がんりんきん》という筋肉です。**この眼輪筋が衰えることで、目元のたるみが引き起こされる**のです。現に、20代では平均2・5㎜の厚みがある眼輪筋が、40代になると1・5㎜〜2㎜ほどに薄くなっていきます。更に年を重ねると、1㎜以下になることも。

表情筋をたった1㎜失っただけで、たるみやシワができてしまう。逆に言えば、たった1㎜を取り戻すだけで、顔の印象を良い方向に変えていくことができるのです。

顔のコンプレックスは表情筋の衰えが原因

表情筋の衰えによって起こることを、さらに詳しく見ていきましょう。

顔全体がたるみ、シワができる

表情筋が衰え薄くなると、皮膚を支える力が弱くなり重力の影響を受けやすく、皮膚が下がっていきます。これがたるみの正体です。

さらに、表情筋の衰えは肌の弾力性にも影響します。皮膚を内側から支える力が弱くなってしまうため、皮膚のハリが失われます。これにより、肌がたるみやすくなりシワもできやすい状態となります。

フェイスラインや口元が下がる

ほおや口角を引き上げてくれる「大頬骨筋《だいきょうこつきん》」と「小頬骨筋《しょうきょうこつきん》」が衰えると、ほおがたるみ、ほうれい線やマリオネットライン（口の両端からあごにかけて伸びるシワ）が現れます。口角も下がり、全体的に老けた印象を与えます。

血流悪化によるくすみ&むくみ

筋肉が衰えると顔の血流にも悪影響を及ぼします。日常的に表情を動かすことが少ないと、筋肉が衰えるとともに血行不良を招くことも。顔の血流が滞ると、肌ツヤのないくすんだ印象を与えたり、むくみにつながります。

疲れ顔

表情筋は使わないとすぐに衰えてしまうもの。ある研究によると、1週間体を動かさないだけで、筋肉量が10~15%低下するということがわかっているほど、スピーディに衰えていきます。

コロナ禍で長期間マスク生活をしていて、外した時に「笑いにくいな」と思ったことはないでしょうか。同じ表情ばかりしていると、使われない筋肉はどんどん衰えていきます。表情を動かす力が弱まると、表情のレパートリーが乏しくなり、単調な冷たい印象を与えてしまうでしょう。

このような本を書いている手前言いにくいですが、私は美容に関してはかなりズボラなタイプです。忙しい日々に対応するため、一番に優先するのは睡眠時間の確保。仕事で拘束される時間も長く、デパートが開いている時間に仕事が終わらないこともあり、スキンケアで愛用しているのはドラッグストアで入手できるプチプラアイテムばかりです。ケアも特別熱心に行っていることはありません。

そんな私は昭和39生まれ。２０２４年にはついに還暦を迎えましたが、実年齢より10歳ほど若く見られることがよくあります。

医師としての探求心と、個人的な好奇心でその理由を調べ始めたところ、行きついたのが表情筋でした。画像診断の専門家ですから、さまざまな世代の顔をＣＴやＭＲＩで診る機会が数多くあります。すると、私の表情筋が分厚いことが判明。「えびす顔」と言われるような**ニコニコした表情でいることが多かったおかげで、表情筋がバランスよく鍛えられ、若々しさが保たれていた**のです。

そのことが分かってからは、意識して表情を動かすようになりました。マスクを着用しているときは、それもまた表情筋を鍛えるチャンス。電車の中でも仕事中でも、マスクの中で「ニカッ」と笑う。これを習慣にすることで、表情筋の厚みを維持しています。

「表情筋」は30種類以上！

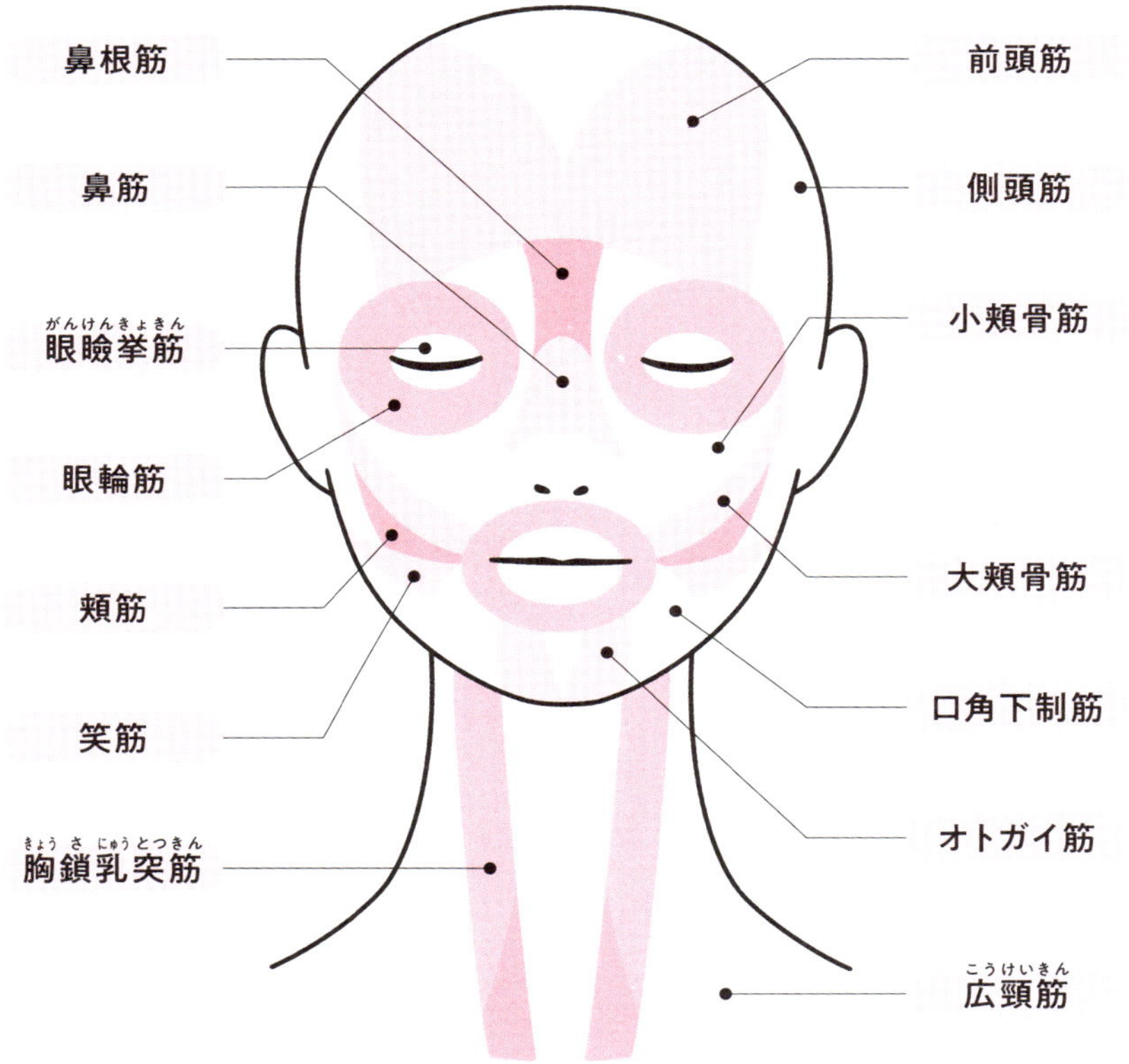

表情筋とは喜怒哀楽などの表情をつくる筋肉の総称のこと。複雑に絡みあう筋肉同士が相互に作用することで、私たちは表情で感情を表すことができるのです。日常生活において、１つの筋肉だけを動かすというシチュエーションはあまり存在しません。

今日は何回笑いましたか？

こんな質問をされて、ドキッとされてはいないでしょうか。

「数えきれないくらい笑った」と言える方は少数で、「ほとんど無表情だった……」という方が、意外と多いのではないかと思います。

私たちはコロナ禍の約3年に及ぶマスク生活を経験しました。そして、コロナ禍が収束した後も、風邪予防や花粉症対策などで、まだまだマスクを手放せない生活を送っています。

マスクは咳や会話での飛沫防止、花粉やＰＭ２・５等の体内侵入を防ぐのに効果的です。必要なシチュエーションでのマスク着用は推奨しますが、長年のマスク着用によるコミュニケーションに慣れ、「口元や表情を見られたくないから」という心理的な背景からマスクを外せない人もいます。

しかし、**マスク着用は表情筋の動きを制限し、顔の衰えを加速させてしまう**のもまた事実。

そこにはいくつかの理由があります。

1. 動かしにくい環境

マスクは飛沫防止や外的刺激からの保護のため、鼻や口をしっかりと覆う形状になっています。鼻回りのワイヤーで顔にぴったりと密着するため、マスク内で皮膚が動かしにくく、口の開閉も最小限となります。これは、表情筋を動かすには最も不利な環境です。

2. 会話の減少

花粉症が重症の場合、鼻づまりやのどの痛みで話すことが辛い場合もあります。風邪の場合はコロナ同様、咳や会話による飛沫防止のため人と話す機会が著しく減少するでしょう。会話の減少は、必然的に表情筋の低下につながります。

3. 無表情化

マスクをしている相手と話す際、表情が見えにくくコミュニケーションがとりづらいと感じた経験はありませんか？　マスク着用により表情筋は動かしにくくなりますが、表情をつくらなくても会話自体は成立します。無表情のまま会話をする習慣が身についてしまっているのかもしれません。

外見を理由にマスクを着用し続けている方は、むしろマスク着用こそが見た目の変化を引き起こしている可能性があるということに目を向けてみましょう。表情筋の健康を維持するためには、適切な場面でマスクを外し、意識的に表情をつくる習慣を取り入れることが重要です。

液晶画面を見ている最中も無表情！

また、コロナ禍による表情筋への影響はこれだけにとどまりません。マスク生活が続く中、デジタルツールの利用も社会全体で急速に広がりました。リモートワークやオンライン授業、ネットショッピング、動画配信サービスなど、パソコンやスマートフォンを使う場面が増えたことは、皆さまも実感されていることと思います。

液晶画面を見る時間が増える一方で、まばたきの回数が減っていることにお気付きでしょうか。パソコンやスマートフォン、タブレットの画面を注視していると、まばたきの頻度は通常の4分の1程度にまで減少することが報告されています。

さらに、そのときのまばたきは目元の筋肉がきちんと動かされておらず、自然と不十分なものになりがちです。

では、きちんとまばたきができていないと、どうなるのか。

本来、目の表面は涙で覆われており、まばたきによってその涙が目全体に行き渡っています。しかし、上まぶたと下まぶたがしっかり閉じられないと、涙が均等に行き渡らず、目が乾燥しやすくなります。

この乾燥が目の不調を引き起こし、代表的な「乾き目（ドライアイ）」といった症状を引き起こします。

まばたきの回数の比較

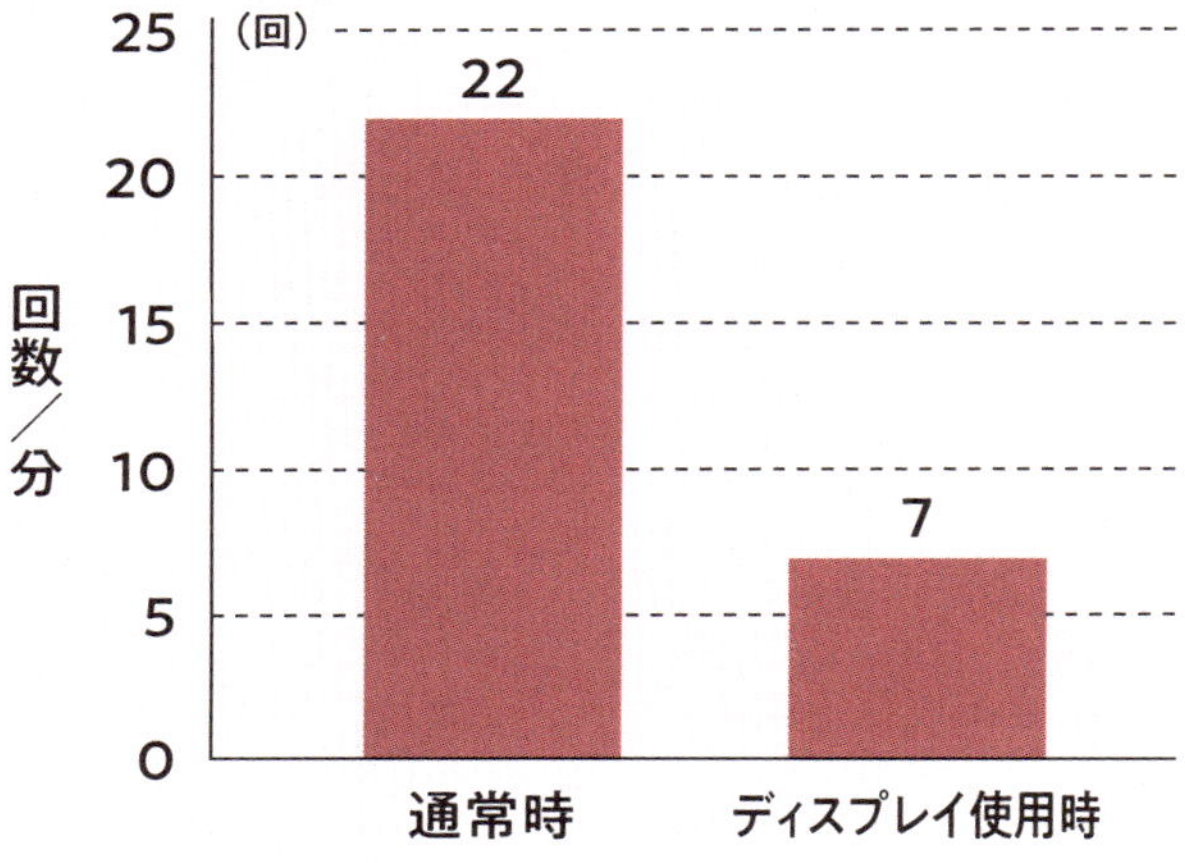

表情筋の衰えセルフチェック

実際に、表情筋の衰えとたるみ度合いを確認してみましょう。
やり方は簡単。「自撮り」をするだけです。スマートフォンのカメラ機能を使って、以下の手順で顔を撮影してみてください。

①座った状態で顔を正面から撮影します。
顔とスマートフォンを平行にして撮影しましょう。
②①の体勢のまま、床に寝てあおむけ姿勢になります。
極力スマートフォンの角度と位置をずらさないようにして、上から顔を撮影します。

どちらも、なるべくおでこの生え際からあごまで顔全体が写るようにしてください。
撮影した2枚を見比べてみましょう。

①正面の顔を撮影する

背筋を伸ばして座った状態で、正面から顔を撮影します。顔が上を向きすぎていたり、うつむきがちにならないよう注意してください。

②あおむけの顔を撮影する

床にあおむけに寝て、上から顔を撮影します。顔とスマートフォンの距離、角度、位置が正面顔を撮影したときと大きく変わらないようにすると、顔の比較がしやすくなります。

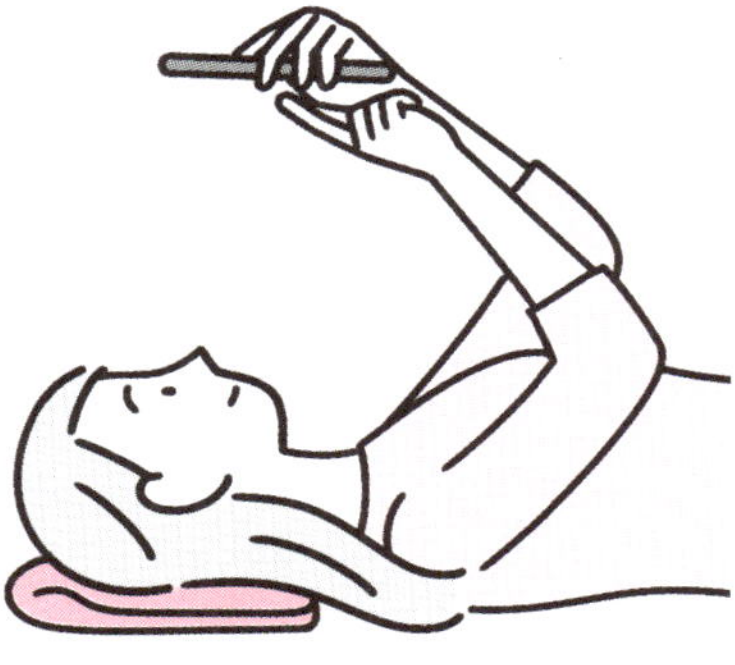

←次のページで2枚の写真を見比べてみましょう！

5年前と今の違いがわかるチェックポイント

撮影した2枚の写真を見比べてみると、現在の自分のたるみレベルがわかります。②のあおむけ写真の方が、顔がすっきりして、若々しい自分がうつっていませんか？　というのも、あおむけの状態で重力がかかるのは頭部の後方。表情筋が衰えていても、顔の脂肪は下に垂れにくくなるのです。

つまり、①の正面から撮った写真が**「現在のあなた」**。②のあおむけで撮った写真が**「5年前のあなた」**に相当します。

見比べてみて、①に二重あご、ほうれい線、目元のたるみが増えていたら、表情筋が衰えている証拠です。あおむけの写真の状態こそが、本来の自分の顔。そして、若返りを目指せるポテンシャルと言えるでしょう。表情筋を鍛えることによって目指すのは、②のあおむけ顔です。

1 今のあなた（正面顔）

2 5年前のあなた（あおむけ顔）

たるみの影響が出やすいパーツ

フェイスライン：2の方が輪郭線がはっきりしている

目じり：1の方が目じり垂れ下がっている

口角：1の方が口角が下がっている

ほうれい線：2の方が薄い

ゴルゴライン：2の方が薄い

ほお：1の方がほおがこけている

●フェイスライン

①に比べて②で重力によってほおが下がり、フェイスラインがぼやけていませんか？

●目じり

①に比べて②の両目じりが下がっていたら、眼輪筋の衰えが考えられます。

●ほうれい線＆マリオネットライン

①にほうれい線、口角横からあごまでのびるマリオネットラインはありますか？

●口角

①の正面顔の方が、口角が落ちていませんか？

②の写真にあまり変化が見られない方もいることでしょう。その方は、年齢よりも若く見られる、表情筋に厚みがある方です。若々しさを維持するために、もしくは更に若々しくなるために、表情筋エクササイズを取り入れてみてください。

最後に、5年後の自分の顔を確認する方法をお伝えします。

これも非常に簡単で、**うつぶせの自分の顔を撮影するだけ**。そこに写し出されている顔が、5年後の自分の顔です。

これから自分がどのように老けていくのか。現実を正しく認識することで危機感を抱くことができますし、表情筋エクササイズへのモチベーションも上がるはず。いつでも立ち返ることができるように、撮影した5年後の自分の顔を時々見返してみましょう。

自分の顔の変化を客観的に見ることで、表情筋ケアの重要性を実感していただけたら幸いです。

5年後の自分もチェックしてみよう！

うつむいて撮影すると、正面で撮影するより重力が顔全体にかかるため、顔のたるみがより一層強く出ます。何も対策をしなかった場合の5年後の自分であるということができるでしょう。

不健康な肌が老け顔を加速させる

老け顔を避けるには、「表情筋に厚みがあること」、そして「肌状態が健康であること」。この2つの条件をクリアしている必要があります。

表情筋の衰えは内側で進行するため他人には気付かれにくいですが、肌のトラブルは誰が見ても、一目瞭然。どんなに内側が優秀でも、肌が傷んでいては見た目として美しいとは言えません。

皮膚は、表面の角質からなる**「表皮」**、その下に肌の弾力に関係する**「真皮」**、さらにその下に表皮と真皮を支え外部刺激から肌を守る**「皮下組織」**の3層構造で成り立っています。一番下に位置するのが表情筋です。

肌は、空気にさらされている表皮の角質によって守られています。角質の表面は皮脂で覆われていて、この皮脂が減少すると、摩擦や花粉、PM2・5等の外的刺激から肌を守るバリア機能が低下します。バリア機能が低下すると、乾燥肌になったり、少しの刺激でかゆみを感じたり、炎症を起こして赤くなるなど、様々な肌トラブルを引き起こします。

皮脂は体内から分泌されるものですが、加齢とともに分泌量は低下します。そのため、**スキンケア等で水分と油分を補うことは理にかなったケア方法**と言えます。

美容好きな人に注意してほしいのがマッサージです。むくみ改善やリフトアップを目的としたあらゆる手法が紹介されていますが、やり方を間違えると、美容効果どころか老け顔を加速させる行為となってしまいます。

皮膚の3層（表皮、真皮、皮下組織）は、だいたい2㎜程度ととても薄く、弾力性があります。この弾力を保っているのが、真皮でつくられるコラーゲンとエラスチンの線維。マッサージによって引っ張ったり、伸ばしたりと、強い刺激を与えることは、この線維を破壊しているのと同じことです。結果、肌が伸びて顔のたるみを引き起こします。

加齢によって、肌の弾力性は減少していくもの。何もせずとも肌はたるみやすい状態になっていくので、マッサージでたるみを加速させないようにしましょう。

肌トラブルを防ぐための**お手入れの基本は「保湿」と「紫外線対策」**です。細かな方法は後の章で解説しますが、まずは、この2つの基本を守ることで肌を若々しく保つことができるということを覚えておいてください。

何歳からでも表情筋はよみがえる！

表情筋は、鍛えることで厚みを取り戻すことができます。

この本では、表情筋の中でも特に目元にフォーカスを当て、「目のクマ」「たるみ」を解消する様々な方法を紹介します。

目元のクマやたるみは、顔の中でも特に目立ちやすく、メイクでカバーするのも難しいものです。職業柄マスクを手放せない人でも、目元のトラブルさえなければ若々しく見せることは可能です。

鍛えると言っても、表情筋はとても薄い筋肉ですので、簡単なエクササイズで十分な効果が得られます。そして、年齢を問わず、誰でも始められるのが大きな特徴。アンチエイジングとしても最適ですし、衰えた表情筋を復活させ、若々しさを取り戻すこともできます。

今からでも遅くありません。簡単で効果的な方法で、若々しい目元を取り戻し、自信に満ちた表情を手に入れましょう！

【2章】目元のクマ・たるみの原因から知る

若々しい印象は目元が与える

皆さま、憧れの「目」はありますか？「外国人のようなぱっちり二重」「アジア人らしいスッキリとした目元」など、それぞれ好みがあると思います。

美容外科手術のオーダー数で「まぶた」が圧倒的に多い（「第6回全国美容医療実態調査」一般社団法人日本美容外科学会）ことからもうかがえるように、私たち日本人は目の形や印象をとても気にしているのかもしれません。

その理由のひとつに、私たちが「目」だけで人のパーソナルな部分まで読み取ってしまっていることが挙げられます。現に、**日本人は目元の印象で人を判断する傾向が強い**ことが、さまざまな研究で明らかになっているのです。

花王株式会社の研究では、「若々しい」という印象は単に年齢だけでなく、「イキイキ感」

や「清潔感」といった複合的な要素から成り立っていると発表されていました。特に「イキイキ感」は目の印象と強く関連しており、年齢を重ねるほど「老け顔」への影響が大きくなることがわかっています。

また、「目元の印象を重視するのは日本人独特の文化である」という、名古屋大学大学院国際文化学群准教授・柴咲氏の興味深い見解もあります。

ほほ笑みを顔文字で表現するとき、日本では「(^_^)」、欧米では「:-)」を使います。注目してほしいのが、感情を表現しているパーツです。日本人は感情を「目」で、欧米人は「口」で捉えているとし、両文化圏のコミュニケーションスタイルや価値観の違いを反映しているというのです。

この背景に『周囲との調和を図るために控えめな感情表現が重要視され、目から感情を読み取る傾向にある日本の集団主義文化』と、『はっきりとした自己主張が求められる欧米の個人主義文化』の違いがあるのではないかと推察されています。

確かに、世界的にも珍しい「察する」「空気を読む」という概念が日本にはあります。さらに「目は口ほどに物を言う」という表現もあるように、非言語的コミュニケーションが身近な私たちは、自覚している以上に人の「目」を見て生活していると言えそうです。

「眼輪筋」「眼瞼挙筋」「大頬骨筋」がたるみ攻略のカギ

目元の印象は主に3つの筋肉によって形成されています。「眼輪筋《がんりんきん》」「眼瞼挙筋《がんけんきょきん》」「大頬骨筋《だいきょうこつきん》」です。

眼輪筋は、パンダのように目元を取り囲んでいる筋肉です。日常生活ではまぶたを閉じるのに役立ったり、眼窩脂肪の脱出を防いでくれています（※38ページ）。

眼瞼挙筋は上まぶたにある小さな筋肉で、主にまぶたを開くときに力を発揮します。筋力が弱まると、眼瞼下垂を引き起こしたり、額の横ジワの原因となったりします。

大頬骨筋は目の下のほおの辺りに位置する筋肉です。役割は口角を引き上げたり、目の下の脂肪を支えること。表情筋の中でも比較的大きな筋肉で、目元のたるみだけではなく、フェイスラインやほうれい線など、様々なエイジングサインと関係しています。

顔のシミに悩まれている方もいらっしゃるでしょう。ですが、顔全体の印象に与える影響は、メイクでカバーできてしまうシミよりも、たるみの方が圧倒的。たるみを解消することで、ほうれい線といったシワも改善することができます。

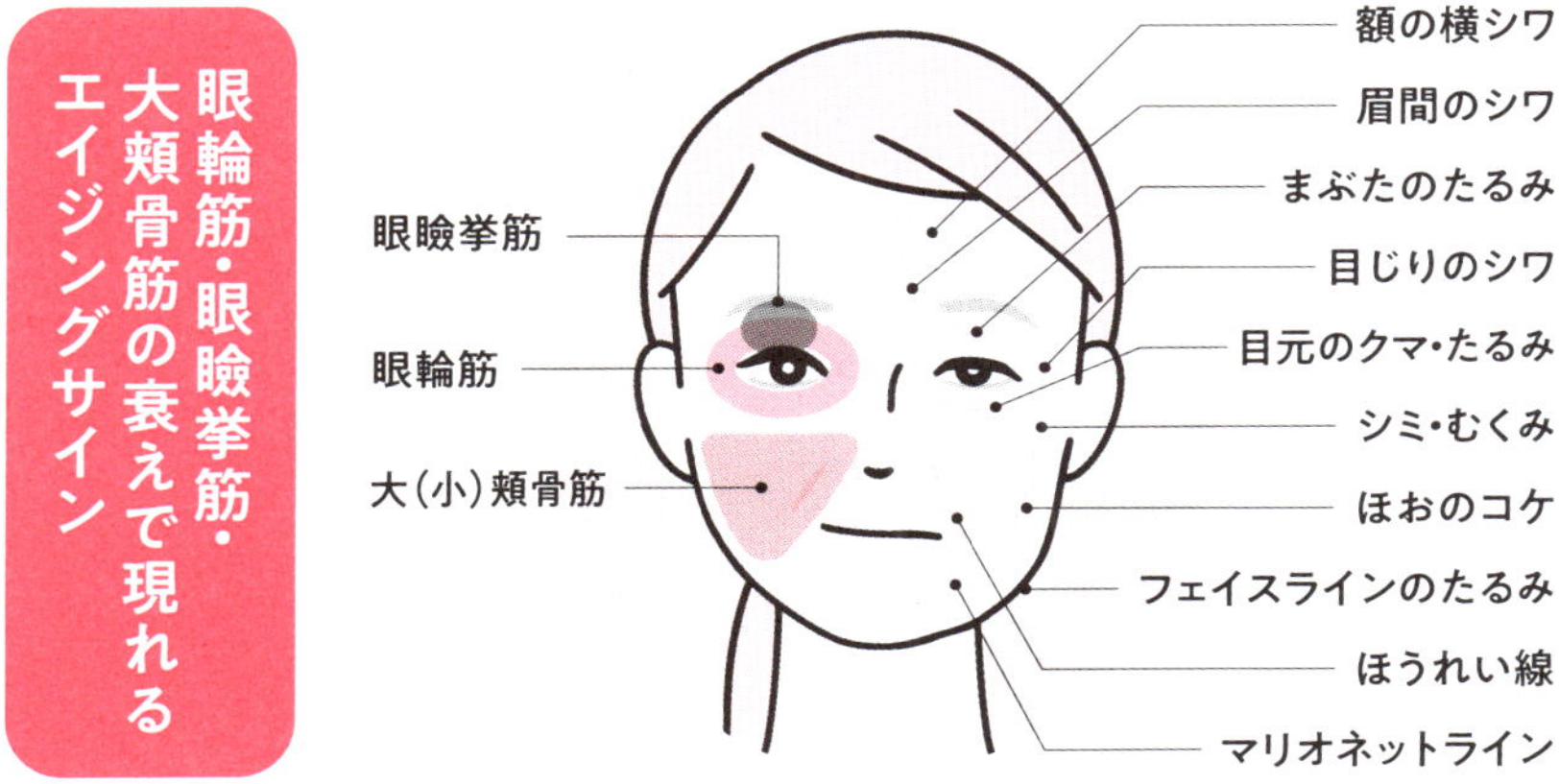

老けて見える原因はシミよりもたるみ!

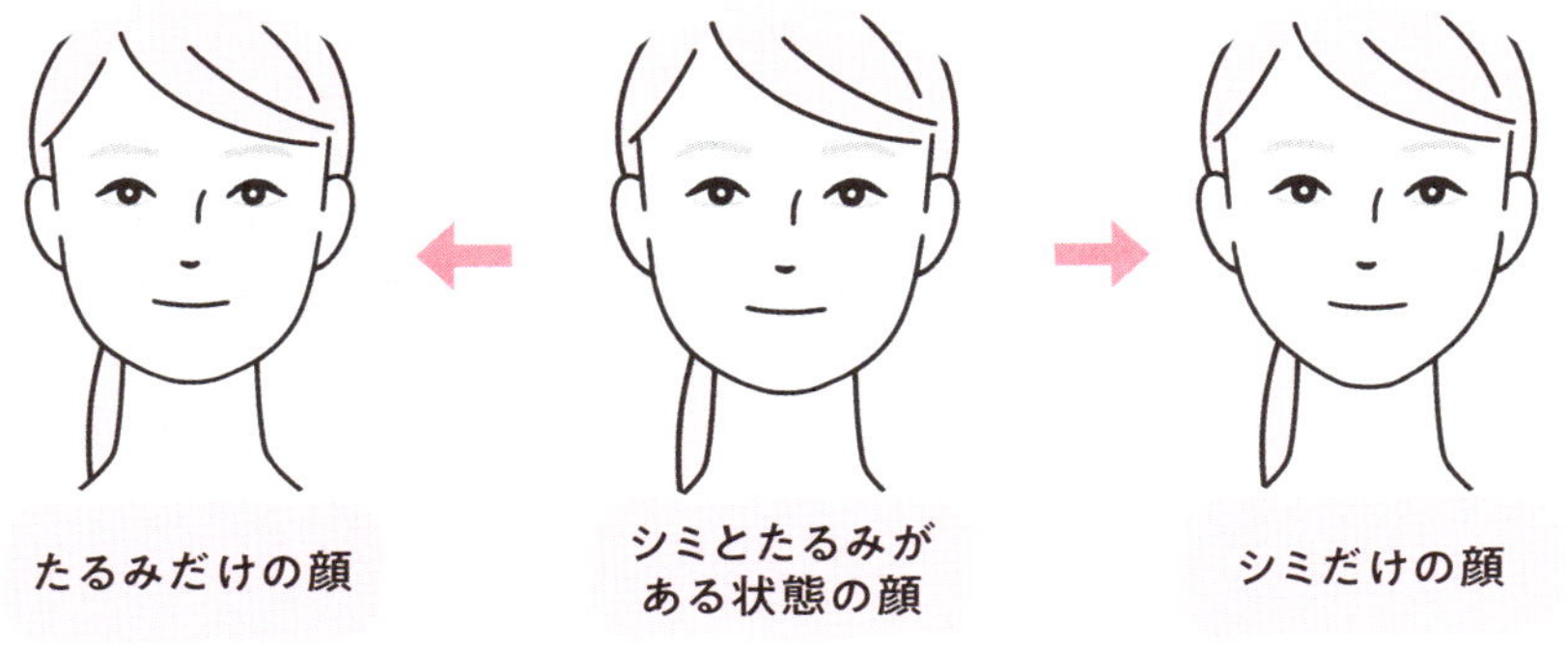

〔たるみだけの顔〕よりも〔シミだけの顔〕の方が若々しく見えます。メイクでシミを隠すことで、見た目年齢に歴然の差がつきます。
たるみ改善とは、重力によって垂れ下がっていた脂肪や皮膚にハリ感や弾力を与えるということ。脂肪や皮膚が内側から支えられている状態となるため、たるみが原因となってできるシワ（ほうれい線、マリオネットライン、首のシワなど）の改善も見込めます。

地味だけど顔の印象を左右する眼輪筋

眼輪筋は、目の周りを覆うように位置している筋肉です。まばたきをする際に使用される筋肉ではありますが、無意識に行われるまばたき程度の動きでは、眼輪筋の衰えを改善することはできません。この筋肉を鍛えるには、特別に意識して動かすことが重要です。

悩ましいことに、近年ではスマートフォンやパソコンの長時間使用により、**まばたき自体の回数の減少が問題視**されています。まばたきでかかる眼輪筋への負荷は微々たるものですが、それでも動かすに越したことはありません。筋肉は使わないと衰えてしまうため、まばたきの回数が減ることは眼輪筋の衰えに拍車をかけているのです。

慶應義塾大学名誉教授の坪田氏の研究によると、液晶端末の使用中は、まばたきの回数が通常の3分の1にまで減少することが明らかになっています。この現象を「VDT（ビジュアルディスプレイターミナル）症候群」と呼びます。

VDT症候群になると、「目の乾き」「目がかすむ」「目が充血する」以外にも「肩が凝る」「頭痛」「イライラ」といった不調を引きおこします。

総務省が年代別でスマートフォン利用率を調べた「令和2年通信利用動向調査」によると、20～30代の人のうちの9割以上、40～50代の人のうちの8割以上にのぼるということがわかっており、国民のまばたき回数が減少傾向にあると言えるでしょう。

また、電子書籍と文庫本を比較すると、「文庫本を読む時の方が、眼球運動量が多い」という調査もあり、スマートフォン中心の生活は、目の周りの筋肉を衰えさせる一因となっているのです。

眼輪筋は加齢とともに薄くなる

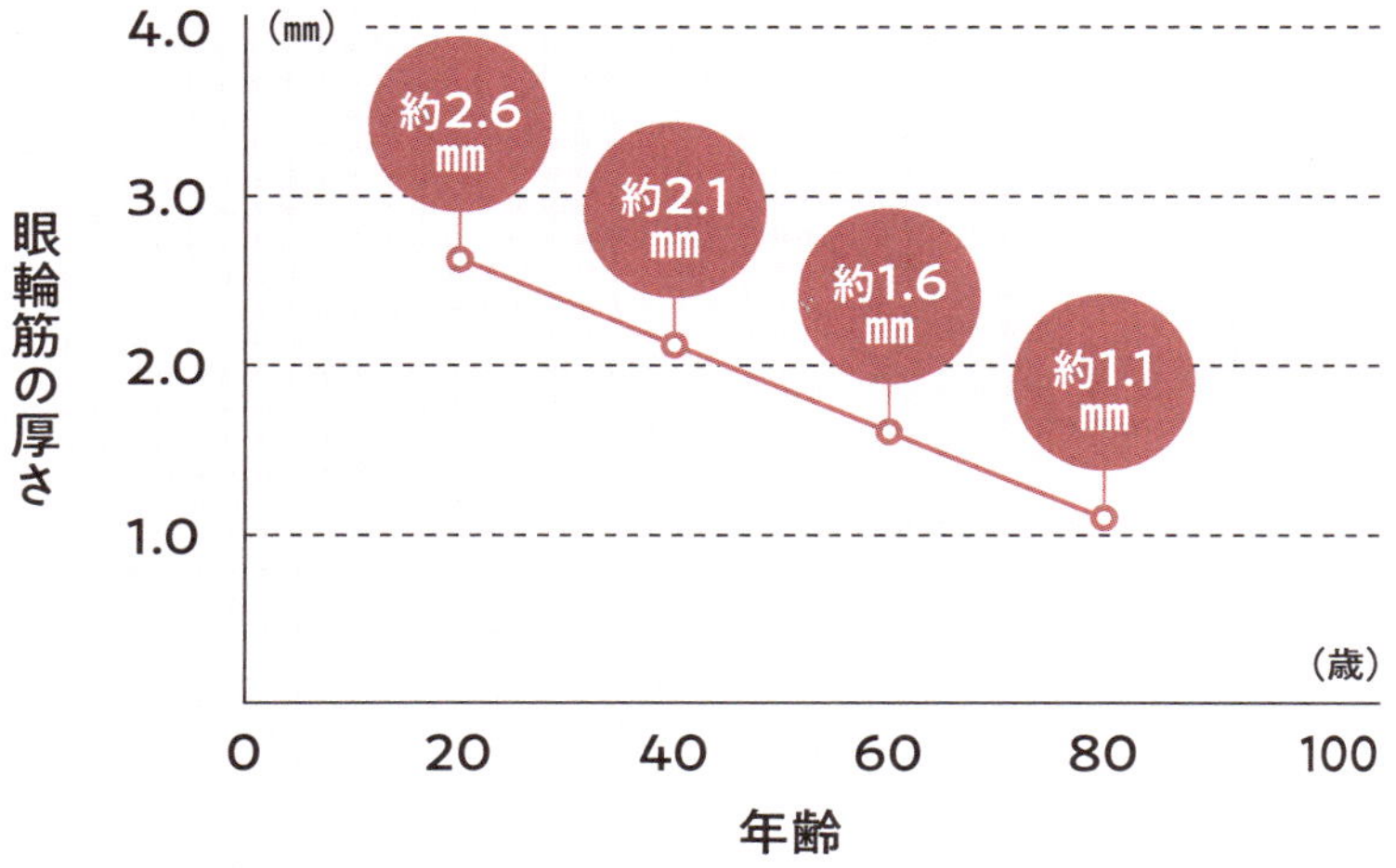

また、眼輪筋にはもうひとつ大事な役割があります。それは、「眼窩脂肪《がんかしぼう》を支える」というものです。

眼窩脂肪とは、衝撃や摩擦から眼球を守るクッションのような機能を持っています。眼輪筋が衰え薄くなると、押し込めていた眼窩脂肪を支えきれなくなり、眼窩脂肪が前方へ突出してきます。突出した眼窩脂肪は重力で下まぶたの方まで下がっていき、その結果できあがるのが目の下のふくらみです。高齢の方の目元にある、いわゆる「目袋」はこうして形成されるのです。

この目袋、非常に厄介な存在です。

ダイエットをしたら顔全体が引き締まるかもしれませんが、この目袋だけはどうすることもできません。完璧に取り払おうとしたら、眼窩脂肪を取り除く外科手術に頼るほかに方法がないのです。

私たちにできることは、目袋ができる前に眼輪筋を鍛えておくこと。手術という究極の手段を選ぶことになる前に、予防・対策に取り組みましょう。

眼輪筋が薄いと眼窩脂肪を支えきれなくなる!

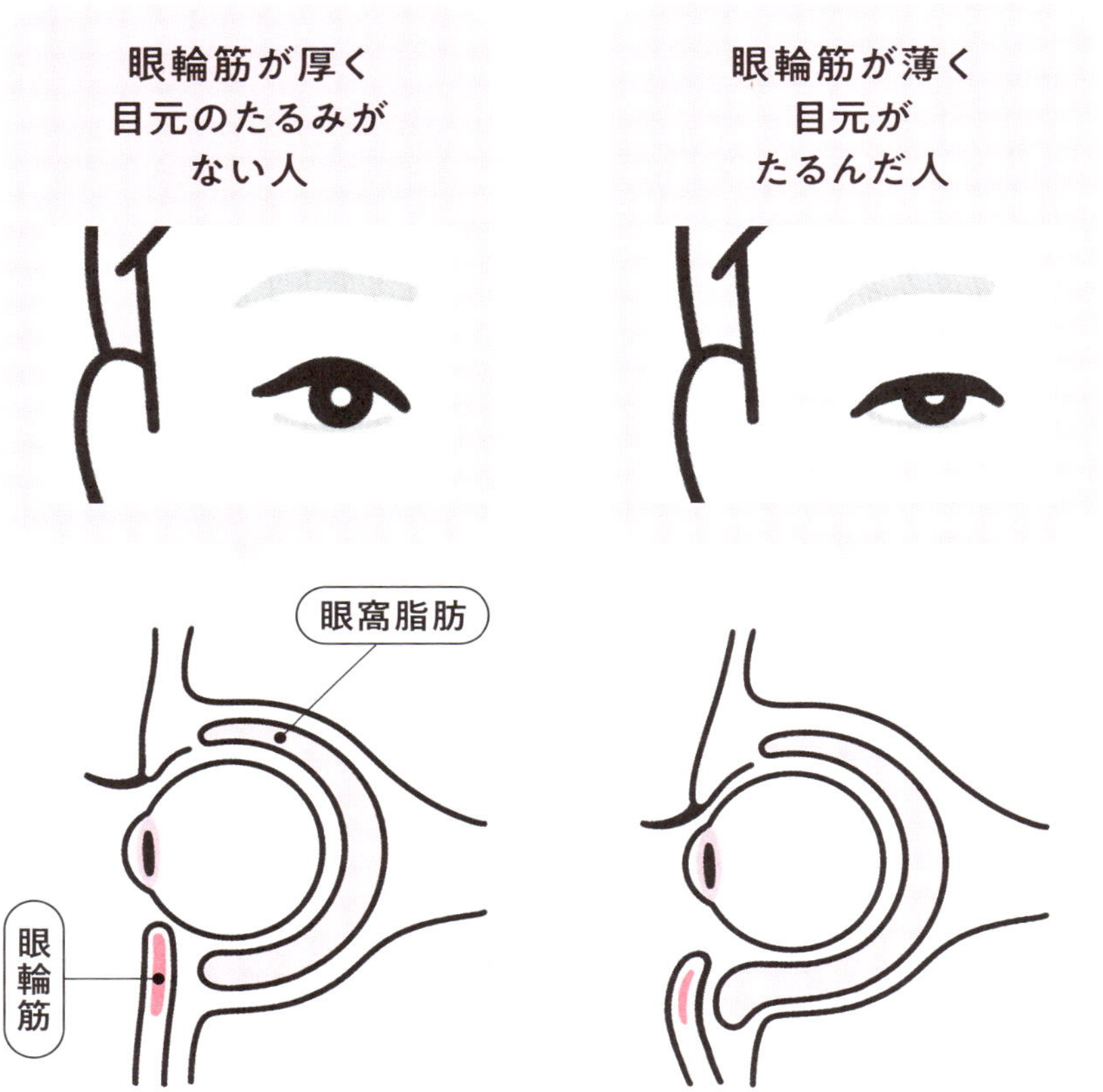

眼輪筋の厚みにより支えられていた眼窩脂肪が、薄くなることで前方へ突出し、目元のたるみが出現します。眼輪筋が弱くなってくると、重力によって眼窩脂肪が更にせりだして、「目袋」と呼ばれる目の下のふくらみが出現します。

大頬骨筋は目元たるみを支える「棚」

大頬骨筋は、目の下の頬骨付近から口元につながる筋肉です。この筋肉が動くおかげで、口元とほおを引き上げて、笑うことができます。

表情筋の中でも比較的大きく、顔の中心に位置する筋肉であるため、大頬骨筋の衰えは目元とほおの両方のたるみに大きな影響を与えます。

大頬骨筋が衰えると、ほおの脂肪が垂れ下がります。この垂れ下がりによって、口元の筋肉と皮膚の境目に生まれる溝が、シワの原因となります。いわゆる「ほうれい線」や「マリオネットライン」と呼ばれている、私たちの大敵です。

このように、大頬骨筋の衰えは単なるたるみだけでなく、シワの形成にも関与しています。

さらに、目元のたるみにも影響を及ぼします。眼輪筋の衰えによって眼窩脂肪が前方に突出した際、大頬骨筋までもが衰えてしまっていると、脂肪を下から適切に支えられなくなります。

その結果、おわん型の目袋のようなたるみが生じます。このたるみに沿って新たな境目が生まれ、さらなるシワの形成につながることもあります。

例えるなら、大頬骨筋は目の下の「棚」です。この筋肉に十分な厚みがあれば、目の下の皮膚や脂肪を支え、持ち上げることができます。

しかし、大頬骨筋が衰えてほおが下がってしまうと、このサポート力が弱まり、ほおと目元のたるみが加速度的に悪化します。**たるみの悪化はさらなるシワの形成を促す**という、悪循環を生み出すのです。

目元のたるみとほおのたるみが同時に進行すると、顔に2つの凹凸が生まれ老け顔の印象が急速に強まります。ブルドッグのような〝垂れた顔〟となり、顔全体の印象を大きく変えてしまうのです。

老け顔を避けるためには、大頬骨筋を含む顔全体の筋肉をバランスよく鍛えて、維持することが大切です。目元とほおの両方のたるみを予防することで、若々しい印象を保つことができます。

まぶたをぱっちり開く眼瞼挙筋

まぶたを持ち上げることができるのは、上まぶたの中に存在する「眼瞼挙筋《がんけんきょきん》」という筋肉があるおかげです。普段は意識されない、影の薄い小さな筋肉ですが、ぱっちりとした目を叶えるために欠かせない存在です。

眼瞼挙筋が収縮することで上まぶたが引き上げられ、目が開きます。反対に、この筋肉がゆるむとまぶたが下がり、目が閉じます。

つまり、眼瞼挙筋の力が弱くなると、まぶたの開きが悪くなり、目が半開きのような状態になるということです。

この状態についた病名が**「眼瞼下垂」**。皆さまも聞いたことがあるかもしれません。眼瞼下垂は眼瞼挙筋が動いていないことで、まぶたが通常よりも下がった状態で固定され、自力で目を開けることができなくなる症状です。

眼瞼下垂は、先天的な要因と、加齢や外傷などの後天的要因で引き起こされることもあります。重度の場合は視野が著しく制限され、日常生活に支障をきたす可能性があります。軽度の場合でも、見た目に変化を及ぼすことはもちろん、視野が狭まるため転倒や交通事故などのリスクが高まる非常に危険な状態に陥ります。

重度の場合は、手術により上まぶたの余った皮膚を除去し、二重の線をつくりながら縫合します。

手術は精神的にも、金銭面にも負担がかかるもの。このような問題を予防し、良好な視野とぱっちりとした目元を維持するためにも眼瞼挙筋の健康を維持しましょう。

眼瞼挙筋の断面図

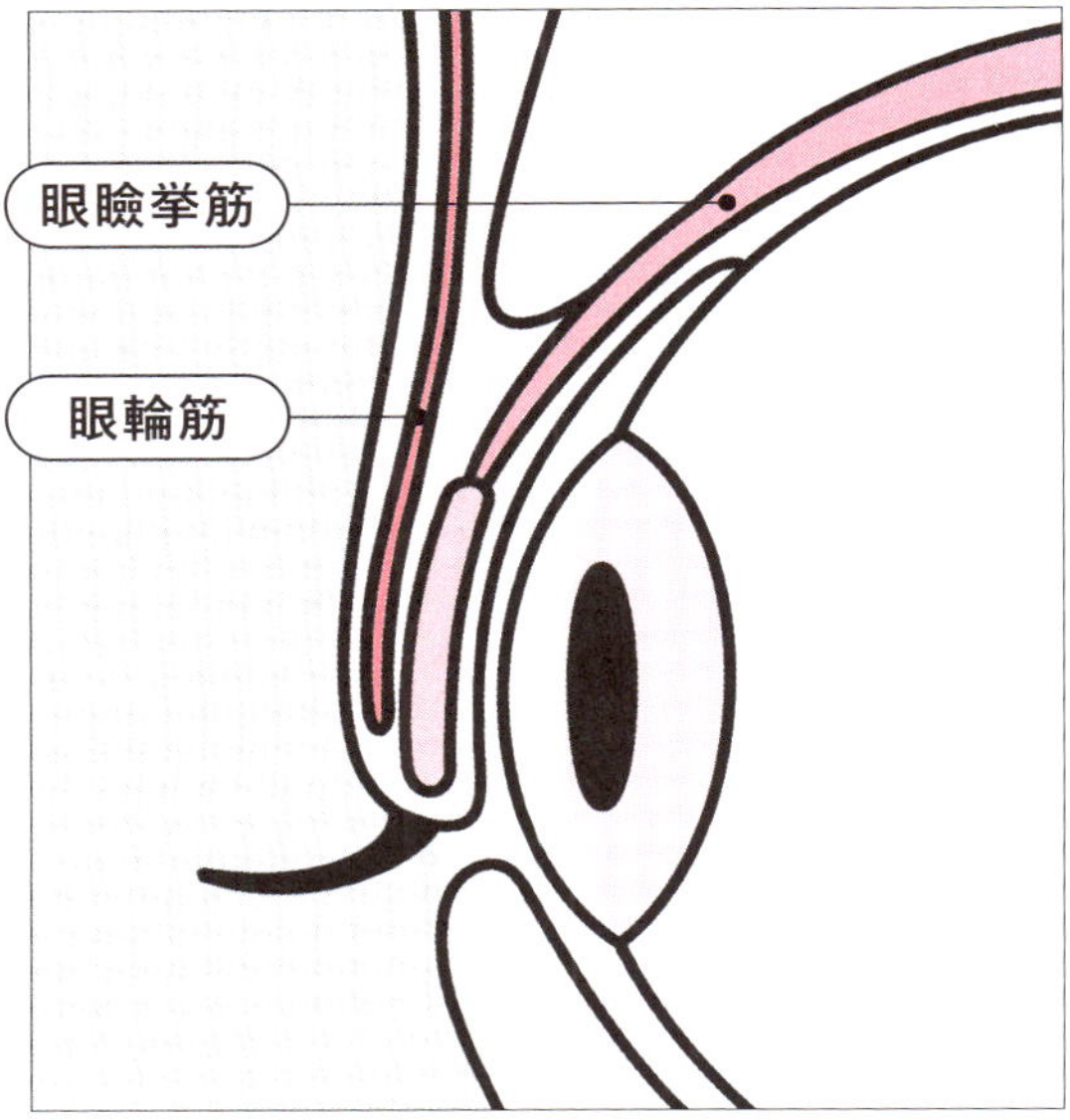

眼瞼挙筋の力が弱まると、自力でまぶたを開くことが難しくなる。

クマは茶・青・黒の3タイプ

目元の悩みとして多くの人が抱える「クマ」ですが、その種類は1つではありません。主に「茶クマ」「青クマ」「黒クマ」の3タイプあり、それぞれ特徴や原因、解消法が異なります。

茶クマ

茶クマは主に色素沈着によって引き起こされます。色素沈着が起きてしまう過程はシミと同じ。過剰な刺激（摩擦や紫外線を浴びるなど）を受けると、脳は皮膚を守ろうとして肌内でメラニン色素を生成し、肌の色を黒くすることで皮膚を守ろうとします。

通常は、過剰にメラニンが生成されてもターンオーバー（新陳代謝）で新しい皮膚が生まれ、古い皮膚は垢となって自然と剥がれていくもの。色素沈着はおこりません。しかし、加齢により、このターンオーバーが乱れることで、古い皮膚が留まり続けてしまいます。これが茶クマの原因になります。

クマの特徴

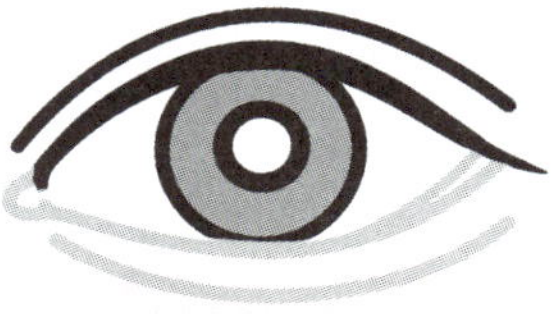

茶クマ

紫外線、摩擦などにより色素が沈着して起こる茶色っぽいクマ。保湿が有効。

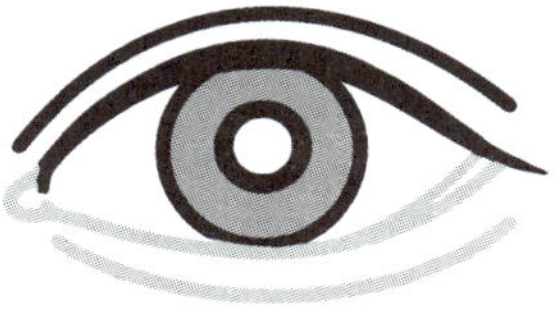

青クマ

血行不良により目の下が青黒く見えるのが青クマ。睡眠不足、ストレスなどが原因。

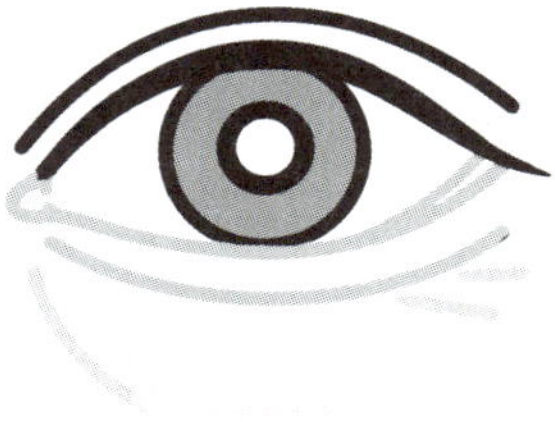

黒クマ

眼輪筋の衰え、眼窩脂肪が突出してふくらんだ結果できるクマ。加齢とともに生じやすい。

既にできてしまった茶クマにも、これから茶クマをつくらないためにも重要なのが保湿です。十分な保湿により肌のバリア機能が高まり、紫外線をはじめとする外的刺激に影響を受けづらい肌となります。

日焼け止めの使用で紫外線から肌を守ることも効果的です。

また、マスカラやアイライン等がきちんと落とせていないことで色素沈着につながることもあります。肌をこする刺激もメラニン色素の生成につながってしまうため、メイクはやさしくもしっかりと落としましょう。

青クマ

青クマは、主に血行不良により目の下が青黒く見える状態です。睡眠不足や目の疲れ、ストレスなどが原因となります。

青クマの対策として、血行を良くする目元のマッサージが紹介されることがありますが、これには注意が必要です。目元の皮膚は非常に薄く、摩擦によるダメージが大きい箇所。マッサージが刺激となって茶クマを引き起こしてしまうこともあります。

個人的には、そもそも肌に触れることが少ない表情筋エクササイズをおすすめしたいところですが、どうしてもマッサージをやりたい場合は、マッサージオイルなどをたっぷり使ったり、力をこめないなど、肌に負荷をかけないよう注意して行いましょう。

黒クマ

黒クマは眼輪筋の衰えが主な原因です。

これまで解説してきた通り、眼輪筋が薄くなると、目を取り囲む眼窩脂肪が前に押し出されふくらみができます。このふくらみの下に影ができて、黒っぽく見えるのが黒クマです。

黒クマは、肌の表面の問題ではないため、保湿や紫外線対策といった外側からのアプローチだけでは改善が難しいのが特徴です。眼輪筋を鍛える内面からのアプローチを取り入れましょう。

3種類のクマは複合的に現れることもあります。その場合は外側と内側からの総合的なアプローチがよいでしょう。さらに、十分な睡眠や適度な運動、バランスのとれた食事など、全身の健康にも気を配れると理想的です。

あなたは何クマ？ セルフチェック

ここで、たるみレベルと同様に、自分のクマタイプのチェックをしてみましょう。クマ悩みの中には、紹介した3タイプが組み合わさっている可能性もあります。自分を困らせているのが何クマなのか、正しい現状を把握することで適切な対策も判明します。

まず、手鏡で自分の目元を観察します。

●茶クマチェックポイント

目元の皮膚を指でやさしく引っ張ってみましょう。このときにクマの色が変わらなかったら茶クマの可能性が高いです。茶クマの原因は色素沈着のため、皮膚を引っ張っても色が薄くなることはありません。

●青クマチェックポイント

もう一度、目元の皮膚をやさしく引っ張ってみましょう。このときに、クマの青色が本来の肌色っぽく変化したら青クマの可能性が高いです。

青クマの原因は血行不良。目元の皮膚を動かすことで色の変化が出やすいです。

黒クマチェックポイント

あおむけに寝て目を開けて鏡で目元を確認します。クマが薄くなっていたら、「黒クマ」の可能性が高いです。

黒クマの原因は、眼輪筋の衰えによって目の周りの脂肪が前に押し出されて生じます。立っているときは重力の影

目元の皮膚は非常に薄いため、やさしく引っ張りましょう。
セルフチェックで判断がつきにくい場合や、気になる症状がある場合は、皮膚科や美容皮膚科などの専門医に相談することをおすすめします。

響で目立ちますが、横になると脂肪が元の位置に戻るため、クマが薄く見えます。

セルフチェックで判断がつきにくい場合や、気になる症状がある場合は、皮膚科や美容皮膚科などの専門医に相談することをおすすめします。

悩みの原因は1つじゃない

加齢とともに、たるみ、シワ、シミ、クマ等さまざまなエイジングサインが現れます。

クマの場合も、10年前は単に睡眠不足による青クマだけだった人も、年を重ねるにつれて眼輪筋の衰えによる黒クマが加わり、さらに紫外線による茶クマも形成されるというケースがあります。

クマの悩みをトータル的に解消するためには「保湿」「血行促進」「表情筋トレーニング」を地道に続けていくことが大事です。

【3章】

1日1分!
目元のクマ・たるみ解消法

内と外からのWアプローチが悩み解消の近道

目元の若々しさを最大限に高める秘訣は、内側からの「表情筋」へのアプローチと、外側からの「皮膚」へのアプローチ、この2つが重要です。どちらが欠けても、理想的な目元を実現することはできません。

表情筋と皮膚の関係は、まるで美しいデコレーションケーキのよう。土台となるスポンジがしぼんでいては、いくらツヤツヤな生クリームを塗りたくってもまるで美しくありません。反対に、内側のスポンジがしっかりふくらんで丸くなめらかな形をしていても、外側の生クリームがボソボソとしていてはおいしそうとは思えません。

本章では、いよいよ内と外の両方から目元のクマ・たるみ問題へアプローチする具体的な方法を紹介します。

表情筋を鍛えるシンプルなエクササイズから、日常的に取り入れられる効果的なスキンケ

ア や心がけまで、**特別な道具や高額な費用を必要としない実践的な方法**ばかりをまとめました。

例えば、表情筋へのアプローチとしては、目の周りの筋肉を意識的に動かす簡単なエクササイズを解説しています。その場でパッと目を大きく開いたり、ニカッと口角を上げて口を大きく横に開いて10秒キープするなど、日常生活の中で行えるシンプルなものばかりです。わざわざ時間をつくらなくても、ドライヤーをかけながらやトイレに入りながらできてしまいます。

一方、皮膚へのアプローチでは、正しい保湿の方法を指南しています。まず、「皮膚の役割」「保湿の重要性」を紐解いていきます。なんとなく「保湿は重要」と理解していると思いますが、そのなんとなくの理由を理解して腹落ちさせると、行動に起こしやすいはずです。どんなに時代が変わっても、人間の構造部分は変わりません。一生分の知識となりますので、知っておいて損はないでしょう。

また、スキンケアアイテムを使い、肌に水分と油分を与え健やかに保つには、実は力加減がとても重要です。もしかしたら、普段化粧水を肌に塗るとき「バシ！バシ！」と、手のひらでほおを叩くようになじませてはいないでしょうか。

自分の力加減は気付きにくいものですが、意外と強い力でなじませている方がいらっしゃいます。皮膚はとてもデリケートなもの。力加減を意識した肌の扱い方からお伝えしていますので、一緒に見直していきましょう。

さらに、どのご家庭にもあるものを使った即席フェイスパックのやり方もお伝えしています。私も日頃から実践し、効果を実感しています。だまされたと思って、時間があるときにはぜひ試してみてくださいね。

また、美肌につながる「水の飲み方」も大切です。健康的で美しい肌には、そもそも体内に物理的に十分に水分が蓄えられていることが条件です。体内の水分は、生活しているだけ蒸発していきます。こまめに水を飲む大切さも、一緒に振り返っていきましょう。

エクササイズを始める前の4つの心得

「エクササイズ」と言われて身構えてしまうかもしれませんが、ご安心ください。かなりのズボラ人間である私が開発したエクササイズですから、簡単、手軽、費用なしの内容です。

以下の4つの心得は、ゆるいマインドで取り組んでほしいという私の想いです。完璧を求める気持ちは素晴らしいですが、時にやらない言い訳にもなってしまいます。「気が向いたらやろう」くらいの気楽な姿勢が、実は長く続く秘訣なのです。

三日坊主大歓迎、意識低めに取り組もう！

紹介するエクササイズは、毎日行うものではありません。

私は週に2回ほど行っていますが、それくらいで優等生です。意識は低く、期待は大きく、まずは試しにやってみることから始めましょう。

思い出したときに、悩んでいる部位だけ！

「1．眼輪筋」「2．眼瞼挙筋」「3．大頬骨筋」「4．大頬骨筋・側頭部ほぐし」の4パターンのエクササイズを紹介しています。全パターンを行ってもよいですし、現在進行形で悩んでいるパーツだけを取り入れてみるのもよいでしょう。

歯を磨くようにコツコツと……結果を焦りすぎない！

エクササイズの効果を実感いただけるのは、目安として2～3週目以降。焦らず、コツコツと続けていきましょう。

個人的におすすめなのは、定期的に写真を撮って記録することです。比較することで小さな変化にも気付くことができます。次への励みともなり、継続していくモチベーションにつながります。週1回ほど、時には1週忘れても構いませんので、自分のお顔を記録してみましょう。

諦めこそが最大の敵！ 表情筋エクササイズに年齢制限なし！

このエクササイズの魅力は、何歳でも行えて、なおかつ結果が出るところです。美しさを追い求める気持ちに年齢制限はありません。筋肉量は何歳からでも増やせます。

今よりももっと素敵な自分に出会える。そう思って取り組んでいただけると嬉しいです。

紹介するエクササイズは行う場所も時間も問いません。リビングでテレビを観ながら、入浴中、散歩中、友達を待っているときなど、どんなシチュエーションでもその場がエクササイズジムへと変貌します。

各ページをスマートフォンで写真撮影しておくと、工程を忘れてしまっても見返すことができます。友達と談笑しながら一緒に行うのもよいかもしれませんね。

1 眼輪筋：目ぱっちりエクササイズ

目元の印象を司る眼輪筋をエクササイズでしっかりと動かし、目の下のたるみを改善していきましょう。

①リラックスしましょう。口を閉じて、少しほほ笑むイメージで口角を上げた状態から、まぶたに力を入れて、目をギュッと閉じて5秒キープ。慣れてきたら10秒に増やします。
②まぶたの力を抜いて、目をパッと開けます。5秒休憩です。
①と②の動きを1セットとして、5〜10回、週に2〜3度繰り返しましょう。

このエクササイズは、目を強制的にギュッと閉じることがポイントです。縮んだ眼輪筋が元の状態に戻ろうとする収縮機能を利用して、筋肉を刺激していきます。その後、目をパっと開くことで、縮んだ筋肉が一気に緩んで解放されます。これを繰り返すことで、両手で重いダンベルを持ち上げるような筋トレができるのです。

1 力を入れて目を閉じる

リラックスして口元を少しほほ笑ませた状態から、まぶたに力を入れて、目をギュッと閉じます。

ここで5秒キープします。

ギュッ！
5秒キープ！
慣れてきたら10秒キープ！

2 5秒〜10秒で目を開ける

まぶたの力を抜いて、目をパッと開けます。
リラックスしたお顔の状態で5秒インターバルを空け、再度①を行います。

パッ！
5秒お休み

1と2を5〜10回繰り返す

2 眼瞼挙筋：瞼の上げ下げ

このエクササイズは、目の下のたるみ&おでこの横ジワ改善に効果的です。

眼瞼挙筋が衰えている方は、まぶたを開ける力が弱く、まばたきがしづらい状態。眼瞼挙筋の上にあるおでこの筋肉「前頭筋《ぜんとうきん》」を使ってまぶたを持ち上げている可能性があります。

これがクセになると、眼瞼挙筋は衰え続け、目は開けづらく、おでこには横ジワが生じてしまいます。

①眉間を人差し指、中指、薬指の3本で押さえます。

②そのまま、ゆっくりまぶたを開けて、ゆっくりと閉じます。

このエクササイズを通して、自分が眼輪筋や眼瞼挙筋を使ってまぶたを開けているのか、前頭筋を使ってまぶたを開けているのか確認してみましょう。

1 眉間を押さえる

眉間を人差し指、中指、薬指の３本で押さえます。

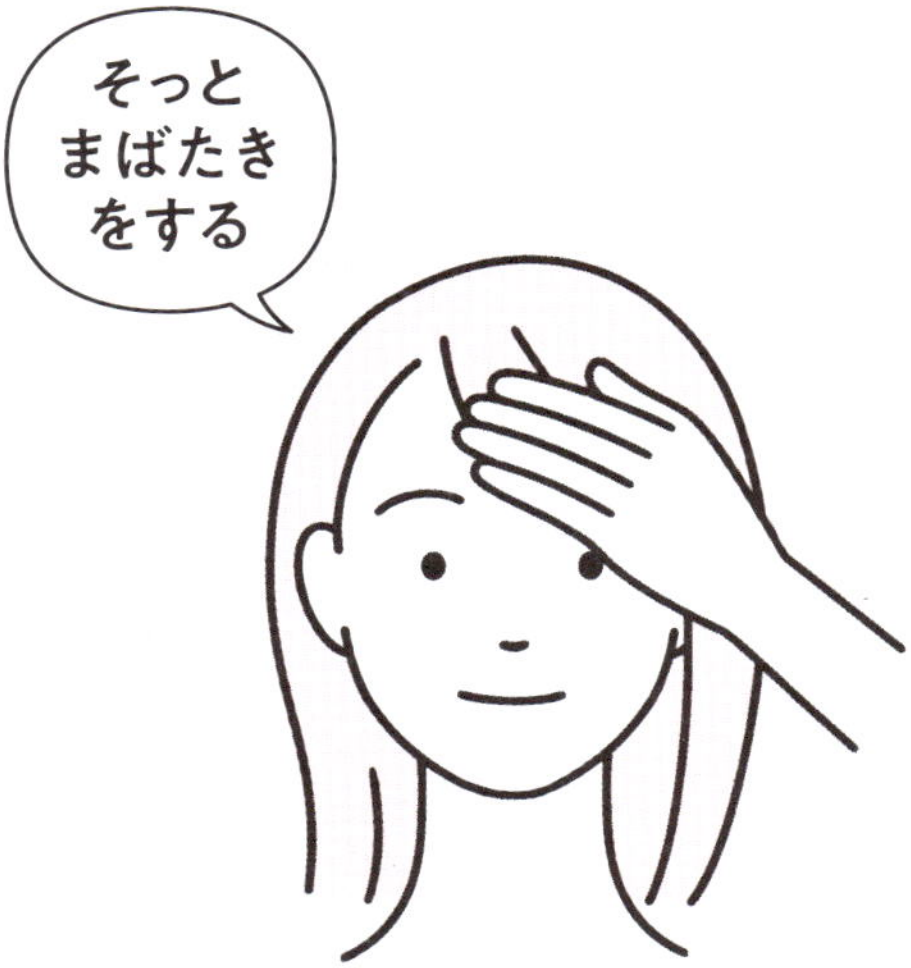

2 目を開く

そのままゆっくりまぶたを開けて、ゆっくりと閉じます。眉間やおでこが動いていないことを指で感じ取ります。

まぶたを開いたときに、眉間のあたりが動く方は前頭筋でまぶたを開けてしまっています。眼瞼挙筋が使えていない証拠です。おでこを動かさず、まぶたのみの力で目を開けられるようになりましょう。

1と2を5〜10回繰り返す

3 大頬骨筋：にっかり体操

大頬骨筋を鍛えることで目のたるみを持ち上げ、改善へと導きます。笑顔にも欠かせない筋肉ですので、元気に笑ってしっかり鍛えていきましょう。

①口を閉じて、口角を少し持ち上げます。
②口を横に広げ、口角を最大限持ち上げて、「にっかり！」と大きく笑います。
③この状態で10秒キープします。最初は5秒から始めて、慣れてきたら10秒に増やしましょう。
④パッと力を抜いて、①の状態に戻します。
①～④を5回繰り返します。

鏡の前で、ターゲットである大頬骨筋の盛り上がりを確認してみましょう。もしくは、にっかりと笑った状態で、ほおの盛り上がっている部分を触ってみます。硬くなっていたら、大頬骨筋が使えています。

1 ②③ にっこり笑い

口を横に広げ、口角を最大限持ち上げて、「にっこり」と大きく笑い10秒キープ。ほおの盛り上がりが硬くなっていたら、大頬骨筋が使えています。

5回繰り返す

2 ①④ 基本の表情

口を閉じて、口角を少し持ち上げます。

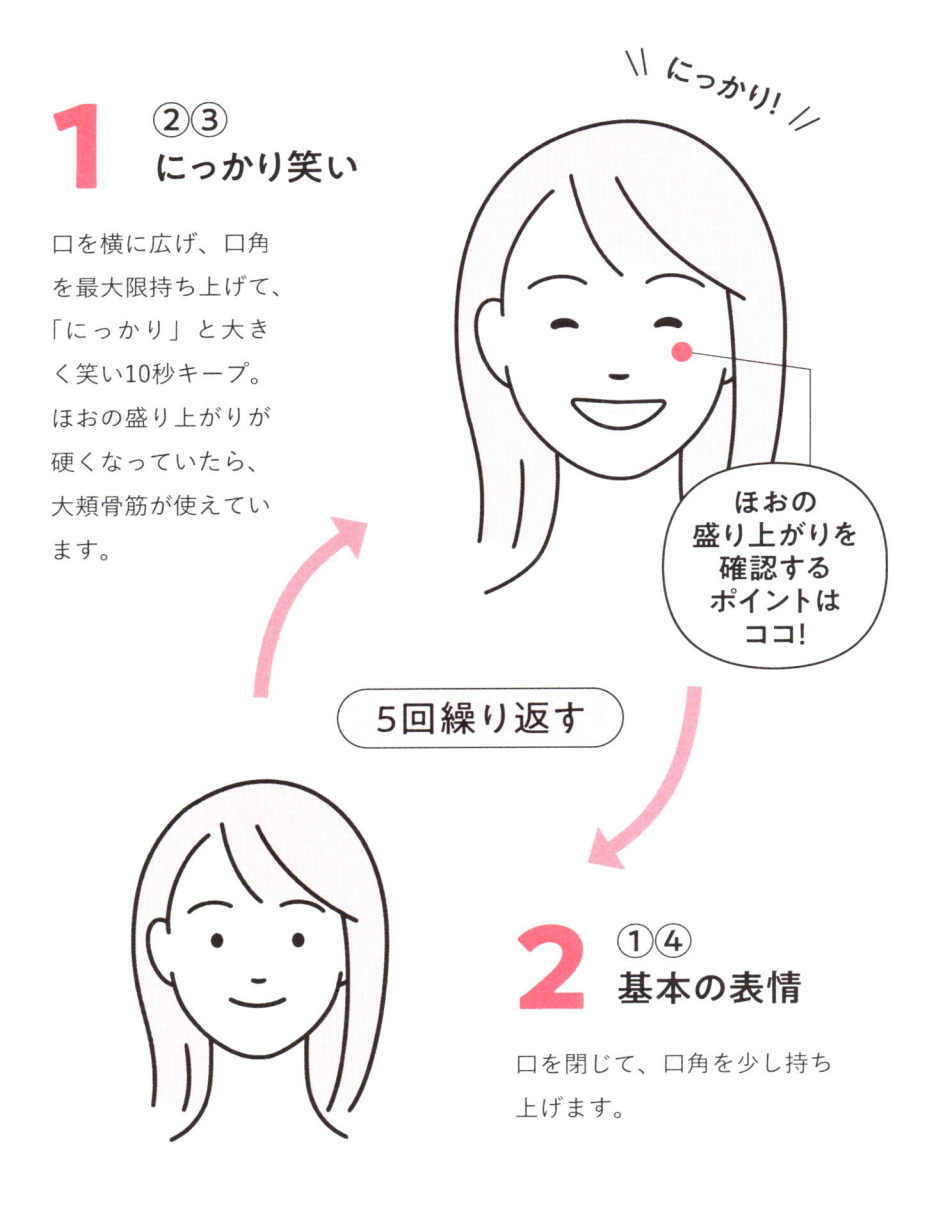

4 血流：大頬骨筋・側頭部ほぐし

皮膚や筋肉、脂肪を骨に固定する靭帯である「リガメント」をほぐしていきます。

加齢とともにリガメントが弾力を失い硬くなると、脂肪等を固定する力が弱まり、顔のたるみを引き起こします。

このリガメントが位置する大頬骨筋～側頭部あたりをやさしくほぐすことで、緊張をやわらげ、血行が良くなります。青クマにも効果的で、ほおも引き上がりやすくなります。

①大頬骨筋ほぐし：両手をグーにして、指の第二関節をほほ骨の下に押し当てます。そのまま、押しあてた手を、左右に細かく動かします。やさしい力加減で痛気持ちいい程度で行ってみましょう。

②側頭部ほぐし：次に、両手をこめかみにあてて、円を描くようにやさしく回します。

①②を30秒ずつ行います。

1 大頬骨筋ほぐし

頬骨の下に指の第二関節を押しあて、左右にゆらします。

2 側頭部ほぐし

第二関節をこめかみに押しあててやさしく回します。

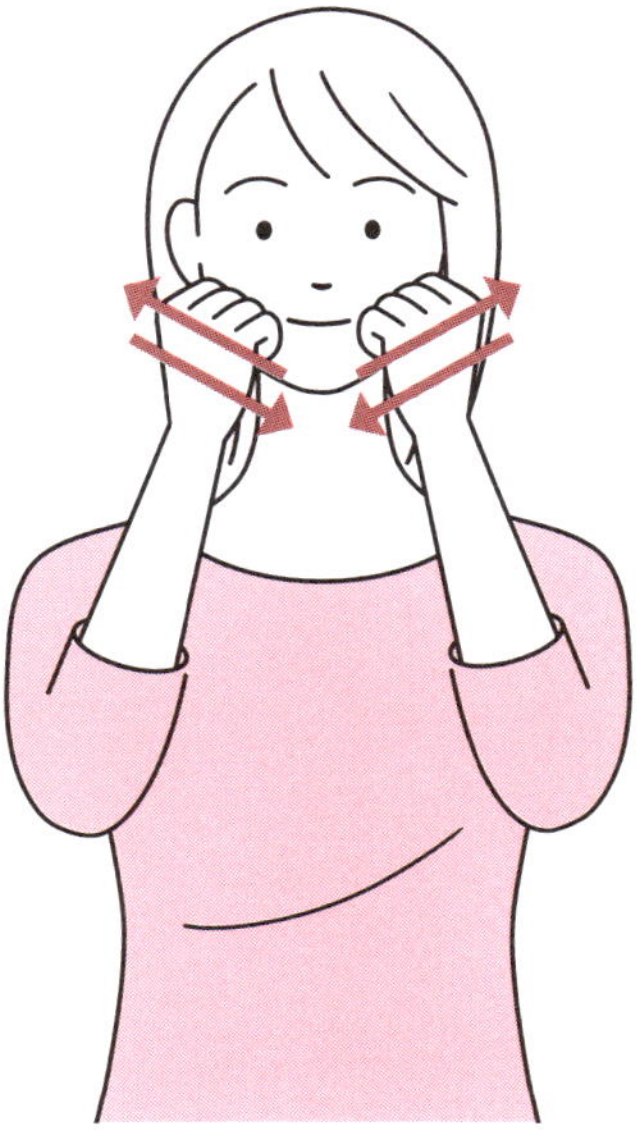

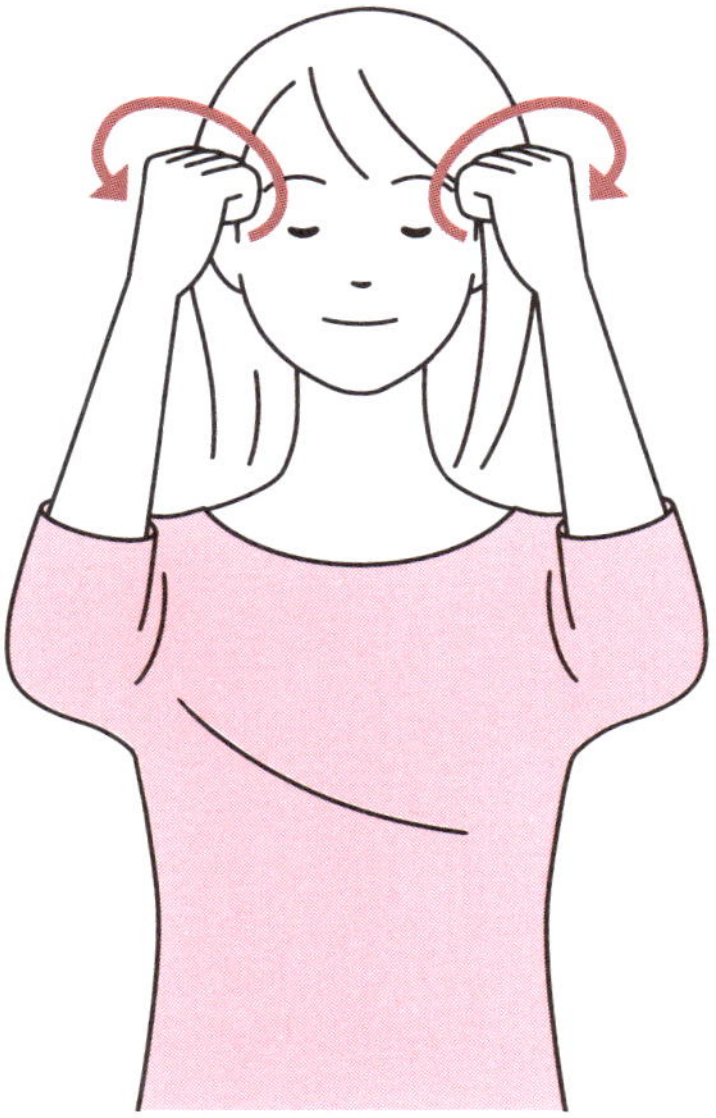

※皮膚が引っ張られるくらい力を込めて手を動かすのはNG！！
少し物足りない程度で十分にリガメントへアプローチできています。

1、2を各30秒ずつ

1 スキンケア3原則「こすらず・たたかず・のばさず」

皮膚には、バリア機能があり、ばい菌や花粉等のアレルゲンが体内に侵入するのを防ぎます。また、汗をかき、水分を蒸発させることで体温調節も行います。

皮膚の構造は、一番上から表皮、真皮、皮下脂肪の3構造で、私たちが日々触れているのが、一番上の「表皮」です。表皮は、平均0・06〜0・2㎜という非常に薄くデリケートな層です。こすったり、たたいたり、一定の方向に力をかける、ということは絶対にやめましょう。

どのようなシーンでも、**肌を触るときは〝皮膚に指をあてる〟程度**にしましょう。力加減を間違えて「ぐいっと」引っ張ったり、伸ばしたりしてはいけません。たるみを悪化させる原因となります。

もし、顔を触ることに抵抗があるようでしたら、スキンケアクリームを塗ってから肌を触ると摩擦を避けられるため安心です。

力加減は日常生活でも注意が必要です。例えば、洗顔やメイクを落とすとき「ゴシゴシ」

と指で皮膚をこすりながら洗っていませんか？　過度な摩擦はたるみ以外にも様々な肌トラブルにつながります。

顔を洗うときは、洗顔フォームをよく泡立て、手のひらや指でなく、泡で肌を洗うようにしましょう。泡立てネットを使うと簡単によく泡立ちます。100円ショップにも売っているのでぜひ取り入れてみてくださいね。

また、メイクを落とす際は〝薬指〟を使ってクレンジング剤とメイク剤をなじませるとよいです。薬指は、比較的力が入りづらい指なので適度なやさしさで皮膚に触れられます。

肌をこすることはNGですが、触らなすぎるとクレンジング剤とメイク剤はなじみません。なじまないとメイクは落ちないので、触らなすぎもNGというのが難しいところ。こするよりも、なじませることを意識して、皮膚に触れるとよいでしょう。

化粧水やクリームを使うときも同様です。自分を慈しむようにやさしく皮膚に触れましょう。よい香りがするものならば、香りを楽しむことでフッと力が抜けてやさしく触れられるかもしれません。

肌に必要な最低限のタッチでケアを行うためにも、「こすらず・たたかず・のばさず」の意識で健やかな肌を保ちましょう。

2 保湿不足の肌には何をしても無駄

保湿不足だと、乾燥に始まり、様々なトラブルを引き起こします。乾燥すると、肌は水分不足を補おうとして皮脂を分泌します。これが肌のテカリ、オイリー感の原因です。脂性肌（オイリー肌）にお悩みの方は、もしかしたら肌質ではなく保湿不足による皮脂の分泌が原因の可能性があります。

さらに、肌が乾燥すると、皮膚の役割であるバリア機能が低下して花粉等のアレルゲン、洋服の素材など外部刺激に敏感になり、肌荒れやかゆみ、赤みなどを引き起こしたりします。簡単な保湿の方法を４つ紹介しますので、乾燥にお悩みの方は取り入れやすいものを１つだけでも試してみてください。

保湿剤はたっぷり使う

保湿ケアで大切なのは、使用量を惜しまないこと。高価な化粧品を少しずつ大切に使うよりも、手頃な価格の化粧水や保湿クリームをたっぷりと使用する方が、保湿効果は高いです。

特に化粧水は、コストを気にして少量ずつ使うのではなく、惜しみなく使って肌の奥まで潤いを届けることが大切です。

デパートで買える高級アイテムも良いですが、ぜひ最寄りのドラッグストアやコンビニで買えるプチプラアイテムも活用してみてください。各ブランドが研究に研究を重ね、高機能なのに安価なスキンケアアイテムを発売しています。自分の肌質に合ったものが必ずあるはずです。

「3ステップ」も必要ない

化粧水、乳液、クリームと工程を重ねるのが面倒な方は、1つで化粧水、乳液、クリームなどの役割を果たす多機能オールインワンジェルを使ってみてはいかがでしょうか。

私は、手のひらに乳液と化粧水をたっぷり出して混ぜ合わせ、顔に塗って終わることもあります。アイテムにこだわるよりも、保湿する習慣が重要です。

保湿前の洗顔も大切

いくら保湿に気を配っても、その前段階の洗顔が適切でなければ肌が荒れてしまいます。洗顔は清潔な肌を保つために必要不可欠ですが、洗いすぎは禁物です。洗顔後、しばらくすると顔が脂っぽくなったり、丁寧に洗顔しているのに角栓が詰まりやすかったりする場合は、洗いすぎのサインです。

必要以上に皮脂を落とすと、肌が乾燥を感じ、水分の蒸発を防ごうとして過剰に皮脂を分泌してしまいます。

洗顔後、自分の肌がどんな状態になるのか、今一度確認してみてください。

日焼け止めの使用量を確認しよう

紫外線は肌を乾燥させる要因の1つ。対策には適切な〝量〟の日焼け止めを使うのが有効です。

個人的には、**日焼け止めを塗らなすぎな人が多い**印象です。

日焼け止めは、紫外線をカットする成分が顔全体に行き渡ることが何より重要。塗りムラや、使用量が少なくて、そもそも顔全体をカバーできていない場合、紫外線カット効果は期待できないでしょう。

そのため、日焼け止めも、高価な商品を少量ずつ使うよりも、手頃な価格の日焼け止めを十分な量使用しましょう。その際、見落としがちな顎下も忘れずに。照り返しによる日焼けを防ぎます。

日焼け止めを生産しているメーカーによって推奨している適正量が異なりますので、使用前は必ず使用方法を確認してみてくださいね。

しっかり保湿すると、肌は水分と油分に満ちてふっくらとします。顔全体を見れば、それだけでハリが生まれ、リフトアップ効果も期待できます。

手頃な価格の製品でも、高価格帯の製品でも、適切な量を毎日しっかりと使用することで、健やかで弾力のある肌を目指すことができますので、ぜひ本日から実践してみてくださいね。

3 たまにできれば超優秀！お手軽「ラップパック」

忙しい毎日の中でできるスペシャルスキンケアとしておすすめなのが「ラップパック」です。とても簡単な方法ですが、その効果は絶大！

やり方は、まず化粧水と乳液を手のひらでよく混ぜ合わせます。混ぜ合わせたら、顔全体にたっぷりと塗布していきましょう。

次に、ラップを顔全体が覆える適度な大きさに切り、目・鼻・口に穴をあけます。そして、顔にペタッと貼る。この状態で5～10分ほど置くだけです。

この方法は、肌に触れずに保湿ができるため摩擦が起きないのもポイント。

「フェイスパックを買いに行くのが面倒」「購入したものの使わずに終わってしまう」という方にぴったりなのがこのラップパック。家にある材料で手軽にできるため、継続的なケアが可能です。ぜひ取り入れてみてくださいね！

簡単ラップパック

乳液と化粧水は１：１の割合で混ぜて、顔全体にたっぷりと塗布します。その上からラップをかけて５～10分放置するだけ。
目、そして呼吸ができるように鼻・口の部分には必ず穴をあけてください。

市販のフェイスパックを使用する際の注意点

衛生面を考慮して個別包装タイプを選びましょう。

使用する場合は放置時間に注意してください。フェイスパックは長い時間使えば肌に美容成分が行き渡るものではありません。放置しすぎるとパックに含まれている水分と一緒に肌の水分も蒸発してしまいます。

商品によって推奨している放置時間は異なります。使用方法を必ず確認してから、適切に活用しましょう。

4 美肌をつくる水の飲み方

私たちの体は、普段の生活の中で想像以上に多くの水分を失っています。特に注目したいのが「不感蒸泄《ふかんじょうせつ》」という現象です。これは、私たちが気付かないうちに、皮膚や呼吸を通じて水分が蒸発していく現象のことを指します。健康な成人の場合、なんと1日に約900mlもの水分が、この不感蒸泄によって失われているとされています。

●季節を問わず小まめな水分補給を

夏場は汗をかくことで水分不足を実感しやすいものですが、実は冬場も暖房などで室内が乾燥するため、同じように注意が必要です。さらに、体内の水分保持量は加齢とともに減少すると言われており、肌のエイジングサインが気になる年齢になったらなおさらこまめな水分補給が重要になってきます。水分補給のタイミングは、シンプルに「喉が渇いたと感じたとき」が最適。体が水分を必要としているサインですから、それに従うことで必要な量を適切に摂取できます。

目安は1日1L

健康効果のある飲み物として白湯が有名ですが、忙しい日常生活の中で、白湯を作る時間がないという方も多いでしょう。そんな場合は、常温の水でも十分効果があります。

水分補給の目安として、**500mlのペットボトル2本分、つまり1日1L**の水分摂取をおすすめします。これは不感蒸泄で失われる水分量とほぼ同じ量です。

実践のコツとしては、仕事場ではデスクの上に、ご自宅ではリビングのテーブルや自分の部屋など、目につく場所に水の入ったボトルを置いておくことです。これにより、自然と水分補給を意識することができます。

なお、水分は糖分を含むジュース、カフェインを含むお茶やコーヒーなどは避けましょう。糖分・カフェインの過剰摂取は、かえって体に負担をかけることになりかねません。

「水を飲むようにしたら乾燥肌が治った！」という方もいらっしゃいます。まずは自分の水分摂取量を見直してみてはいかがでしょうか。

5 ホットアイマスクで血の巡りを促す

ホットアイマスクは目の疲れをやわらげる効果が期待できます。温かさで目元の筋肉がリラックスし、血行が改善されることで凝り固まった目元回りがほぐれ、むくみの解消や疲労回復に役立ちます。

青クマ解消にも有効です。

●ホットアイマスクの作り方

まず清潔なタオルを水、またはお湯で全体を濡らして、軽く絞ります。そのタオルを温かさを感じる程度にまで電子レンジで温めたあと、二つ折りにして、目を閉じた状態で目元にやさしくのせます。

熱すぎると肌を傷める可能性があるので、心地よい温かさを保つように注意してください。

●目を温めるだけでもOK

ホットアイマスクを作る余裕がないときは、手のひらで乳液を5秒ほど温め、直接目元にやさしくあてるだけでも、血行促進の効果が期待できます。特におすすめなのは、お風呂上がりのスキンケアのタイミングです。肌が温まっているときに行うことで、効果が高まります。

ホットアイマスクでケアをしたあとは、必ず保湿ケアを行いましょう。蒸気を含んだタオルを離す際に、肌の水分も一緒に失われてしまうためです。ホットアイマスクをしてから何もしないと、かえって肌が乾燥してカサカサになってしまいますのでご注意を。

＼ 目の疲れや凝りを感じたタイミングに ／

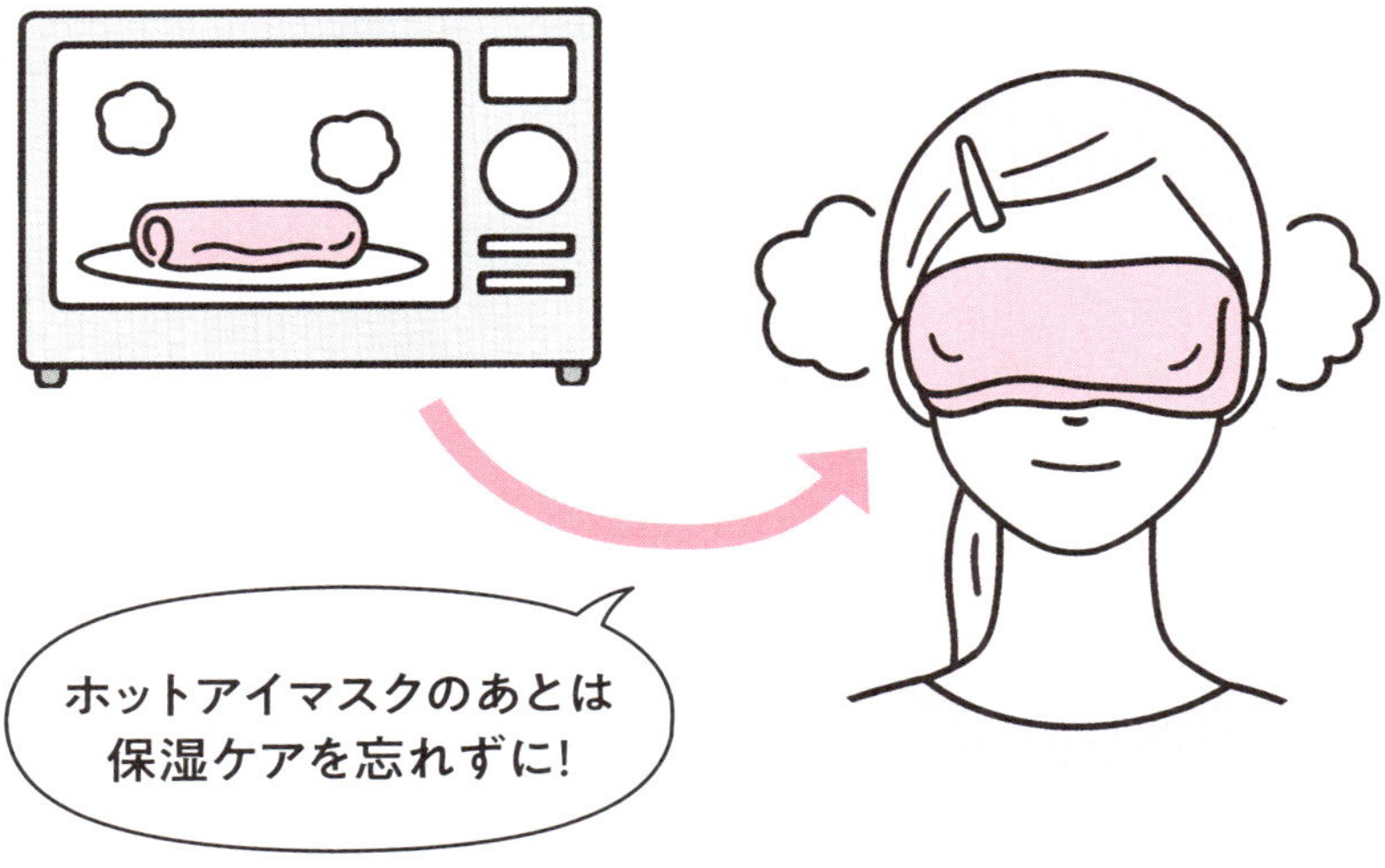
ホットアイマスクのあとは
保湿ケアを忘れずに！

6 肌の老化の8割は光が原因!? 今一度、紫外線対策の見直しを

私たちを悩ます肌の老化現象。その約8割が「光」により引き起こされていると言われています。これを「光老化」と呼び、年齢を重ねることで自然に起こる老化とは区別されて考えられています。

光老化の主な原因となるのは紫外線です。

紫外線の肌ダメージは、目には見えませんが肌に着実に蓄積しており、将来、シミ、シワ、たるみとなって表面化していきます。「日差しが強いけど、ちょっとそこまで行くだけだからまあいいか」という、ちょっとした油断の積み重ねが未来の肌悩みの原因となっていることを忘れてはいけません。

紫外線にも「UV-A（紫外線A波）」と「UV-B（紫外線B波）」の2種類があり、それぞれ肌へ与えるダメージは異なります。

●UV-B（紫外線B波）

日焼けの原因となる光で、主に肌表面の表皮を刺激しメラニンを発生させます。人によっては、炎症を起こして肌が赤くなり痛みを感じたり、水泡ができたりなど肌トラブルにつながることもあります。

●UV-A（紫外線A波）

UV-Bより約20倍のパワーがあるとされていて、肌の奥まで届きコラーゲン（膠原線維）やエラスチン（弾性線維）を破壊、肌のハリや弾力を失わせます。たるみの大きな原因となる紫外線です。

特に注意したいのは、UV-Aの「曇りの日でも地表に到達し、ガラス越しでも約80％が通過する」という特徴です。

近年では、可視光線という目に見える光も光老化を引き起こすことがわかっています。代表的なのが、スマートフォンやパソコンから発せられるブルーライトです。屋内で過ごすことが多い人でも、光老化のリスクと無縁ではないのです。

光老化の対策として最も効果的なのは、適切な日焼け止めの使用です。日焼け止めを選ぶ際は、ＳＰＦとＰＡの表示に注目しましょう。

ＳＰＦはＵＶ-Ｂからの防御指数、ＰＡはＵＶ-Ａからの防御指数を表しています。

真夏や、海に出かける際はこの両方の数値がなるべく高い方がよいでしょう。

ただし、日焼け止めの効果を十分に得るには、適切な量を塗ることが重要です。顔には５ml（５００円玉２枚分）程度が目安とされていますが、多くの人が推奨量の半分以下しか塗っていないというデータもあります。

量が不足すると、紫外線カット効果も激減します。各メーカーが推奨する使用量を守ることが大事です。

「室内だから大丈夫」と思っている方も多いかもしれませんが、窓からのＵＶ-Ａ、照明やデジタル機器からのブルーライトなど、屋内でも私たちの肌は様々な光に曝されています。24時間、油断はできません。

屋内で過ごす日でも、ＳＰＦやＰＡが高いものでなくてもよいので、日焼け止めを塗ることをおすすめします。

【4章】美容は1日にしてならず！クマ・たるみをつくらない毎日習慣

些細な悪習慣も、積み重なれば一大事

3章では表情筋エクササイズと保湿について紹介しました。この章ではもう少し範囲を広げて、美容の土台となる体に着目し、美容に直接的な影響を与える姿勢、運動、食事の三要素についてお伝えしていきます。

健康と美容は切り離せない関係にあります。エイジングサインが現れる理由は決して1つではなく、**日々の何気ない習慣の積み重ねが、老化を加速させてしまっています。**

例えば、姿勢の悪さは単なる見た目の問題だけに留まりません。猫背や前かがみの姿勢は、首や肩の筋肉を緊張させ、血行を妨げます。そのせいで顔回りの血液循環が滞り、むくみやたるみを引き起こします。また、目の疲れも蓄積されやすくなり、クマの形成にも影響を及ぼします。

運動不足も深刻な問題です。適度な運動は血行を促進し、新鮮な酸素と栄養が体内に届くことで新陳代謝が高まり肌の再生を助けます。さらに、ストレス解消や質の良い睡眠とも運動は関係しており、肌の回復力も高まります。運動不足が続くと、これらの恩恵を受けることができず、肌の衰えを早めてしまいます。

食事の質も見過ごすことができません。必要な栄養素が不足すると、肌の弾力性を保つコラーゲンの生成が減少してしまいます。また、過度な糖質や脂質の摂取は、肌の炎症を引き起こし、老化を促進する可能性があります。

これらの問題に対処するため、誰もが無理なく続けられる健康習慣を解説していきます。日常生活の中で自然と取り入れられる、シンプルかつ効果的な習慣づくりに焦点を当てています。

まずは、自分に合った方法を見つけ、無理のない範囲で継続できることから取り入れてみてください。生活習慣を1つ変えるだけでも、クマやたるみの予防・改善はもちろん、全身の健康増進にもつながります。

※次のページからお伝えする方法は、あくまでも私の体質に合った内容となります。持病をお持ちの方や現在通院中の方、その他身体に心配のある方は、かかりつけ医の指示に従ってください。

習慣1

たるみを遠ざける正しい姿勢

ＳＮＳを楽しんだり、Youtubeで動画を楽しんだりと、私たちの生活に欠かすことのできなくなったスマートフォン。街中を歩いていると、前かがみのうつむき姿勢で、スマートフォンを見ながら歩いている方がたくさんいらっしゃいます。

この姿勢を長時間とり続けることと、顔のたるみは無関係ではありません。顔を下に向けることで、顔の肉が重力によって下方に引っ張られ、ほうれい線やマリオネットラインのシワを深く刻み込んでしまっています。

また、重い頭を首が支えている状態となるため、首の骨（頸椎）、胸の骨（胸椎）、腰の骨（腰椎）に負荷がかかり、肩こりや腰痛を引き起こすこともあります。

パソコン作業時も同様です。

知らず知らずのうちにとってしまう猫背姿勢は、首や胸を広く覆う広頸筋《こうけいきん》、耳から鎖骨の内側にかけてつながる胸鎖乳突筋《きょうさにゅうとつきん》をゆるめてしまいます。結果、ほおのたるみだけでなく、二重あごや首のシワにもつながります。

正しい姿勢

座り姿勢

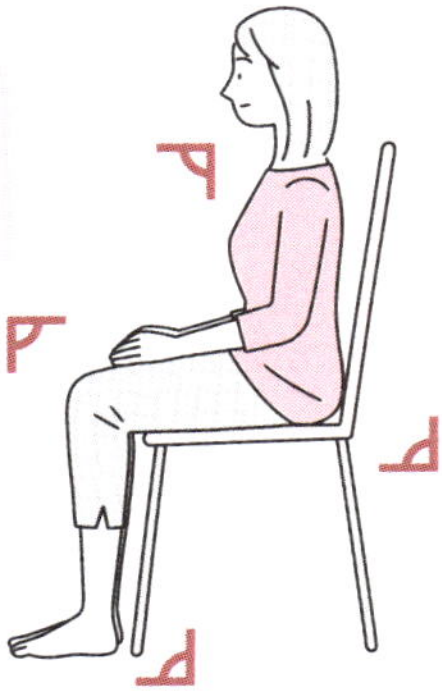

背筋、首筋を伸ばして座ります。腰、膝、足首、あごが90度になるよう意識しましょう。

立ち姿勢

かかと、後頭部、肩甲骨、お尻が壁に接し、腰の後ろに手のひらが入る程度の隙間が空いているのが正しい立ち姿勢。

スマートフォン使用時

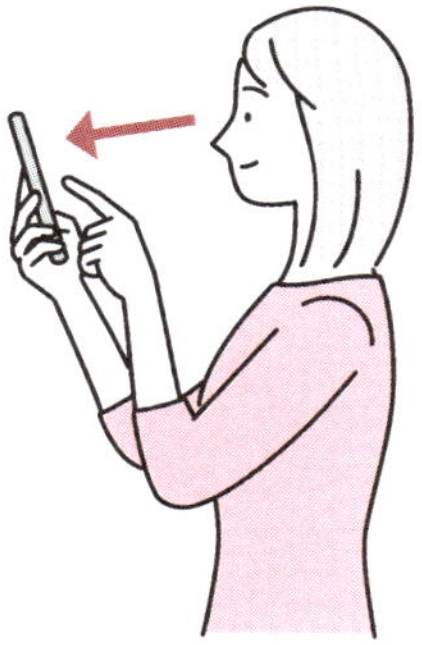

背筋を伸ばし、顎と首の角度は90度。スマートフォンは目の高さまで持ち上げて使用します。

悪い姿勢

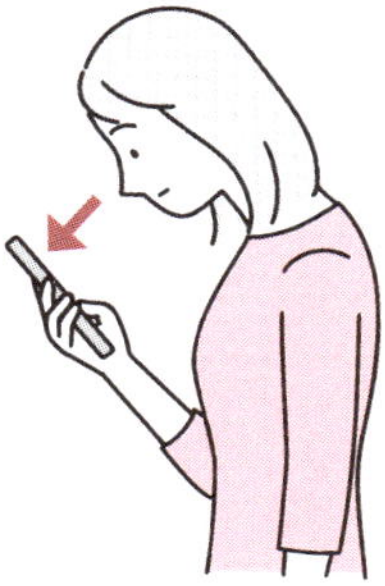

スマートフォンに姿勢を合わせるのはNG ！

習慣2

体をつくるたんぱく質を補給する

たんぱく質は、筋肉や内臓、血液など、あらゆる組織の形成に関わる重要な栄養素です。**美容面で言えば、肌、髪、爪をつくる材料**となります。

特に肌の弾力性を保つコラーゲンやエラスチンの生成には不可欠で、クマやたるみの予防・改善を目指す上でも、質の良いたんぱく質をしっかりと摂取しましょう。

たんぱく質を効率よく摂取するには、日本人に馴染み深い食材を活用するのがおすすめです。私はよくチキンステーキを食べています。お手頃価格で購入できて、調理も簡単なのが魅力的。味付けのバリエーションも豊富で、ステーキ以外にも様々な料理で活躍してくれる食材です。部位によって特徴が異なり、ささみは低脂肪高たんぱく。モモ肉は程よい脂肪分を含み、皮にはコラーゲンが豊富です。ささみばかり食べていると肌が乾燥してしまうので、時には適度な脂肪分を含む部位を選んでバランスをとりましょう。

また、日本人の強い味方が魚介類です。日本人の食卓に欠かせない存在であるまぐろの赤身やかつおは、良質なたんぱく質の宝庫！　かつおは薬味を変えることで様々な味わいを楽しめます。

大豆由来のたんぱく質は消化吸収も良く、様々な料理に活用できます。豆腐だと冷奴、湯豆腐、煮物など、和食の特徴である多様な調理法で、毎日の食事に取り入れやすいですね。

厚生労働省の「日本人の食事摂取基準（2020年版）」によると、1日に必要なたんぱく質の量は「成人女性で50g」とされています。この量を一度に摂取しても体が吸収しきれないため、**朝昼晩の食事にバランスよく分けて摂ることが大切**です。

特に朝食のたんぱく質摂取は、一日の美容と健康づくりの基礎となります。夜間の絶食状態を経た体内は、たんぱく質が不足しがち。納豆や卵、ヨーグルトなど、手軽に摂取できる食品を朝食に取り入れることで、一日のスタートを健康的に切ることができます。

たんぱく質を多く含む食品

魚・肉	かつお	25.0g
	まぐろ	25.4g
	ささみ	23.9g
	もも肉（皮つき）	16.6g
大豆製品	豆腐（木綿）	7.0g
	納豆（挽きわり）	16.6g
	おから（生）	6.1g
	油揚げ（1枚/20g）	4.7g
その他	卵（1個）	6.2g
	牛乳	3.3g
	ヨーグルト	3.6g
	ブロッコリー	5.4g

※成分量100gあたりのたんぱく質含有量（油揚げ・卵を除く） 食品成分データベース（文部科学省）より

習慣3 「糖化」は程よく気を付けてストレスフリー

近年、「糖質制限」という言葉をよく耳にするようになりました。

過剰な糖質の摂取によって健康に悪影響が出たり、体重増加に関係していることは事実ですが、糖質は私たちの体にとって大切な栄養素であることを忘れはいけません。

肌の再生のために、肌内の細胞は〝糖〟をエネルギー源として、たんぱく質の一種であるコラーゲンなどを生み出します。ハリのある肌に、糖は必要不可欠な存在なのです。

しかし、糖を過剰に摂取すると、体内のたんぱく質と糖質が結合して変性し、コラーゲンをはじめとした肌の弾力をつくる成分を破壊してしまう働きもあります。

この現象を「糖化」と呼びます。

糖化は、血管が硬くなる、皮膚の黄ぐすみが強くなるなど、さまざまなトラブルを引き起こす現象。だからといって、糖化を恐れて糖質を大幅に制限、ましては全てカットすることは得策ではありません。

糖質は脳や筋肉のエネルギー源となる必須栄養素であり、適度な摂取は健康的な肉体を守るためにも必要です。

肝心なのは「なにを」「どれだけ」食べるかに気を付けることです。そもそも、健康や美容に悪いからといって、特定の栄養素のみをカットする方法が本当に体に良いはずがありません。嫌われがちな糖質や脂質、その他全ての栄養素が体の機能を維持するために必要不可欠な存在なのです。

反対に、体に良いものばかりをたくさん食べることも良くありません。一回の食事で吸収できる栄養素の量は決まっています。いろいろなものをバランスよく摂ることが何よりも大切です。

糖質のバランスをとるために、食べたものを全てレコーディングして細かく計算する……そんなことができたらよいのでしょうが、現実的ではありませんし、食べたいのに我慢する生活は精神的なストレスになります。

そこで、私が実践しているのは〝ゆるゆる糖質制限〟です。

甘いものが大好きな私は、大好きなケーキを我慢できるほどの忍耐強さは持ち合わせていません。可能な限りハードルを低くして、だけど抑えるべきところは抑える。そんなゆるい心がけで食事に気を配っています。

習慣4

食べたいものを食べるための、ゆるいルール

ここで、私が日常にゆるく取り入れている食事のルールを紹介します。

食べたいものを食べたい、だけど我慢はしたくない……わがままな考えから編み出したマイルールではありますが、日常に根付かせることで1カ月、1年単位で摂取する糖質量やカロリーの総量は、好き勝手食べたのとでは歴然とした差が出ます。

どれも、ちょっとした心がけで実践できるものばかり。ご自身のライフスタイルに合ったものを取り入れてみてください。完璧を目指すのではなく、ゆるやかに続けていく姿勢が健康的な体と美しい肌づくりへとつながります。

パンよりお米を選ぶ

主食にはパンではなく、なるべくお米を選ぶようにしています。

パンにはグルテンと呼ばれる、小麦粉に水を加えてこねることで生成される特有のたんぱく質が含まれています。グルテンはパンに弾力や粘り気を与え、食感も食べ応えも良くして

くれる働きがあります。

しかし、見逃すことのできないデメリットが。グルテンをたくさん摂取すると、腸内環境が悪化する恐れがあるのです。

「肌は腸の鏡」と言われるように、腸内環境は肌の健康と密接な関係があり、腸内環境が乱れると肌荒れやくすみ、透明感の低下といったトラブルが現れやすくなります。外側からのスキンケアでは対処のしようがなく、原因である腸の調子を整えなければ解決することができません。

便秘や免疫力の低下、食べたものが消化されにくくなり、体脂肪として体に蓄積されやすくなるなど、腸内環境が悪化して良いことは1つもないのです。

一方、お米は日本人の体質に合った主食であり、免疫力を高め、腸内環境を整える働きがあります。食べる量のコントロールがしやすいため、食べすぎを防ぐことができます。

ミニサイズなら何を食べてもOK

コンビニを見渡してみると、低カロリースイーツや低糖質のお菓子、こんにゃく麺といった体にやさしい工夫がされた食品が数多く売られています。おいしさと手軽さから、私もお世話になってばかりです。

しかし、どんなに優秀な代替食品であろうと「カロリーを気にせずおいしいケーキが食べたい……!」という欲望を満たしてくれることはありません。それどころか、「健康のため、ダイエットのため」と自分を騙し続けた結果、我慢が限界に達してドカ食いをしてしまう。皆さまも、そんな経験をしたことはないでしょうか。

ドカ食いによって努力を水の泡にしてしまうよりも、時にはご褒美として好きなものを食べてしまった方が被害が少ない、というのが私の考えです。

そこで肝心なのは、やはり食べる量でしょう。私はケーキが大好物で、行きつけにしているお店がいくつかあります。行きつけの理由は、おいしくて、ミニサイズのケーキを販売しているから。最も身近で手軽に入手できるのがコンビニのケーキです。小さめのサイズで食べすぎ防止になります。

カフェでも、生クリームがたっぷりのった甘いドリンクは、レギュラーサイズではなく一番小さいサイズを選べば良しとしましょう。ミニサイズであっても、「好きなものを食べて

いる」という幸せな事実でお腹も心も満たされます。

●食べた量は3日単位で考える

カロリーコントロールは1日単位ではなく、昨日、今日、明日、の3日単位で考えるようにしています。「昨日は食べすぎたから、今日は控えめにしよう」と意識するだけで食べる量が変わりますし、「昨日、おとといは控えたから、今日は少し贅沢しても大丈夫」という柔軟な調整もできるようになります。

●食べる量だけ分けておく

仕事中や家事中、作業が一段落すると間食したくなりますよね。3時のおやつも欠かせません。間食の食べすぎを防ぐ工夫として、1日に食べてよい量だけを事前にファスナー付き保存袋（ジップロックなど）に小分けにしておくとよいでしょう。「今日はこれだけ！」と決めておけば、余分なお菓子を買わなくて済むので買いすぎ防止にもなります。

習慣
5

肌をいたわるビタミンたち

食材に含まれるビタミンには「脂溶性」と「水溶性」の2種類があり、調理法や食べ合わせによってビタミンが消失してしまったり、うまく吸収することができたりします。「ビタミンA」と「ビタミンC」は美しい肌づくりをサポートしてくれるビタミンとして知られていますが、それぞれ種類が異なります。正しい食べ方でビタミンを無駄なく体に取り入れましょう。

●ビタミンA

皮膚や粘膜を正常に保つ働きがあり、肌の新陳代謝を促進し、皮脂の分泌をコントロールして肌を乾燥から守る役割があります。このビタミンAは油に溶ける脂溶性ビタミンのため、オリーブオイルやバター等の油分と一緒に摂取することで、効率的に体内に吸収されます。

●ビタミンC（アスコルビン酸）

シミのもととなるメラニンの生成を抑え、コラーゲン生成に役立つ栄養素です。水に溶ける水溶性ビタミンで、熱に弱く、調理過程で失われやすい特徴があるため、生野菜や果物から摂取する必要があります。摂取しても体内に長時間留めておくことができず尿として排出されてしまうため、毎日こまめに補給することが大切です。

人間はほとんどのビタミンを自分の体内でつくり出すことができません。毎日の食事から、これらのビタミンを十分に摂取することが理想的ですが、現代の忙しい生活では難しいこともあります。そんなときは、サプリメントの利用も検討してみてください。

ビタミンA

油に溶けやすい性質を持つ「脂溶性ビタミン」。肌のターンオーバーや、ニキビ、毛穴の詰まり改善が期待できる！

ニンジン
小松菜
カボチャ
うなぎ
レバー
卵黄
ほうれん草
など

ビタミンC

水に溶けやすい性質を持つ「水溶性ビタミン」。シミの予防や改善、コラーゲン生成など、美肌効果のある栄養素！

キウイフルーツ
アセロラ
イチゴ
赤ピーマン
煎茶
ブロッコリー
など

著者　奥田逸子（おくだいつこ）

国際医療福祉大学三田病院　放射線診断センター　准教授
聖マリアンナ医科大学　放射線医学講座　客員教授
久留米大学 医学部解剖学講座 客員教授
慶應義塾大学医学部　放射線診断科　非常勤講師
東京医科歯科大学　臨床解剖学分野　非常勤講師
鈴鹿医療科学大学　医療科学研究科　客員教授

川崎医科大学卒業後、国家公務員共済組合連合会虎の門病院を経て現職。四半世紀以上、画像診断を続けてきた経験から「加齢を画像で診る」研究をスタートさせ、みずからの顔を実験台に「顔の造形の老けを予防、もしくは若さを維持する方法」を模索。自分自身でできる美顔体操を考案・普及している。「ガッテン」「あさイチ」（NHK）などアンチエイジングに関するテレビ出演で大反響となり、講演も多数行っている。 研究は主に加齢画像研究所 ONI（https://www.oni-labo.org/）で行っている。

編集協力　玉絵ゆきの
デザイン　亀井英子
イラスト　Seiko Nakatani
校　　正　滄流社
編集担当　小林カイ

目元のクマ・たるみ解消法

発行日　2025年1月31日　第1刷発行

著　者　奥田逸子

発行者　清田名人

発行所　株式会社内外出版社
〒110-8578
東京都台東区東上野2-1-11
電話 03-5830-0368（企画販売局）
電話 03-5830-0237（編集部）
https://www.naigai-p.co.jp/

印刷・製本　中央精版印刷株式会社

ISBN978-4-86257-724-5